KREATIVE KINDERKUNST

PUPPEN
BASTELN

MOIRA BUTTERFIELD

KARL MÜLLER VERLAG

TIP

Dieses Buch ist voll von tollen Ideen für Puppen und Spielfiguren. Deine eigenen Puppen müssen aber nicht genauso aussehen wie die auf den Fotos. Mach sie ruhig nach deinem Geschmack.

Wenn du eine Schere oder ein Messer zum Papier- und Kartonschneiden benutzt, solltest du immer sehr vorsichtig sein. Wenn du einen Cutter verwendest, lege immer eine starke Pappscheibe unter. Beim Schneiden von dicker Pappe bitte immer einen Erwachsenen um Hilfe.

Bastelarbeiten
von Brian Robertson
(außer Bommeltiere: Jan Bridge)
Fotografien von Peter Millard
Illustrationen von Joanna Venus

Hamlyn Kinderbücher
Herausgeberin: Jane Wilsher
Designerin: Julia Worth
Produktionsleiter: Mark Leonard

© Reed International Books Ltd, 1994
© der deutschsprachigen Ausgabe bei
Karl Müller Verlag, Erlangen, 1995
Alle Rechte vorbehalten.
Kein Teil des Werkes darf in irgendeiner Form
(durch Fotokopie, Mikrofilm oder ein ähnliches Verfahren)
ohne die schriftliche Genehmigung des Verlages
reproduziert oder unter Verwendung elektronischer
Systeme verarbeitet, vervielfältigt oder verbreitet werden.

Titel der Originalausgabe: Creative Crafts – Making Puppets
Übertragung aus dem Englischen: Dieter Krumbach
Redaktion: Redaktionsbüro Krumbach

Printed in Italy

ISBN 3-86070-207-6

Inhalt

Material und Basteltips	4
Einfache Puppen	6
Kinder der Küche	8
Freche Fingerpüppchen	10
Karton-Künste	12
Handpuppen	14
Hampelmänner	16
Schlenker-Figuren	18
Flugkünstler	20
Bommeltiere	22
Waldmenschen	24
Marionettenmann	26
Schattenfiguren	28
Magnettheater	30
Menschen als Puppen	32
Ein sprechender Roboter	34
Quasselköpfe	36
Köpfe aus Papiermaché	38
Flotte Band	40
Marionettentheater	42
Bühne für Stabpuppen	44
Wie du ein Theaterstück inszenierst	46

MATERIAL UND BASTELTIPS

Puppenspiele gibt es schon seit Jahrtausenden. Kein Wunder, denn man kann sich mit den Puppen spannende Spiele ausdenken. Dieses Buch zeigt dir, wie du verschiedene Arten von Spielfiguren bastelst. Zuerst gibt es sehr einfache Formen, dann etwas kompliziertere wie die Papiermaché-Puppe von Seite 34. Wenn du erst mal mit dem Basteln anfängst, kommen dir sicher viele eigene Ideen. Die meisten Materialien und Werkzeuge findest du im Haushalt.

Was du brauchst

Pappröhrchen aus Klopapier- und Küchenpapierrollen
Leere Pappschachteln, ausgewaschene Joghurtbecher, Eierkartons und Lutscherstiele
Wollreste für Puppenhaare
Reste (auch kleine Schnipsel) von Stoffen und Filz
Weißleim oder Bastelkleber eignet sich am besten zum Kleben
Plakatfarben, Filzstifte, Buntstifte und Stoffarben

Plastikflaschen und Papprollen ergeben gute Puppenkörper.

Fingerpüppchen

Die einfachsten Figuren sind deine Finger! Bemale sie und ziehe sie wie Leute an. Die Tischkante ist dein Theater.

Pappfiguren

Auch Pappfiguren sind schnell gemacht. Sie werden an Stäbe oder Pappstreifen geklebt, damit man sie bewegen kann.

Kasperlepuppen

Handpuppen können einfach oder aufwendig gemacht werden. Du steckst deine Hand in den Handschuh und bewegst Puppenkopf und -arme mit deinen Fingern.

Eierkartons ergeben grobere Körper, und die Tischtennisbälle braucht man für Augen.

Mit Plakatfarben und Glitzersteinchen macht das Schmücken der Puppen besonders viel Spaß.

GEHEIMTIPS

Sammle alles Material fürs Puppenmachen in einem großen Karton. Immer wieder kommt etwas Neues dazu. So kannst du jederzeit ohne viel Herumsuchen mit dem Basteln anfangen.

Male die Puppe oder Figur zuerst auf Papier auf. Zeichne auch schon ein, wie du sie dekorieren willst. Verwende leuchtende, knallige Farben, die man auch aus einiger Entfernung noch gut erkennt.

Stabpuppen

Ganz schnell und einfach kannst du unterschiedliche Stabpuppen basteln. Sie sind an einem Holzstab oder Kochlöffel befestigt.

Marionetten

Diese Puppen hängen mit Kopf und Armen an Fäden. Sie bewegen sich, wenn man an den Fäden zieht.

Schattenfiguren

Die platten Figuren sind an Stäben befestigt. Sie werden hinter einer Leinwand bewegt. Die Zuschauer vorne sehen nur ihre Schatten.

EINFACHE PUPPEN

Die hier gezeigten Figuren sind schnell und einfach zu machen. Alles, was du brauchst, findest du zu Hause. Du kannst sie ohne viel Aufwand toll schmücken und verschönern.

Was du für eine Zipfelpuppe brauchst

Ein quadratisches Stoffstück, nicht kleiner als 40 x 40 cm
Altpapier oder einen Stoffrest
Bleistift oder angespitzten Stab
Filz für Augen, Nase und Mund
Kleber und eine Schleife

Für eine Becherpuppe

Einen Pappbecher
Farbiges Tonpapier und Papier
Einen steifen Plastikhalm oder -stab
Filzstifte, Farben und Pinsel
Schere, Klebeband und Kleber

GEHEIMTIPS

Zipfelpuppen kannst du aus einer kleinen Tischdecke oder aus einem Staubtuch machen.

Auch ein altes Halstuch oder ein Taschentuch eignet sich gut.

Wenn man Stab, Haare und Filzteile wegläßt, können auch schon Babys mit einer Zipfelpuppe spielen.

Mache Haare aus etwa 8 cm langen Wollfäden. Falte jeweils etwa fünf Fäden in der Mitte zusammen, klebe oder nähe sie auf, bis der ganze Kopf voll ist.

Zipfelpuppe

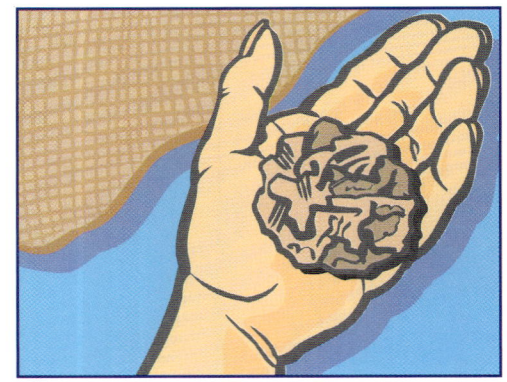

1. Für den Puppenkopf knüllst du Papier/Stoffrest in deiner Hand zu einer Kugel zusammen. Du kannst ihn auch mit einer zusammengeknüllten Nylonstrumpfhose füllen.

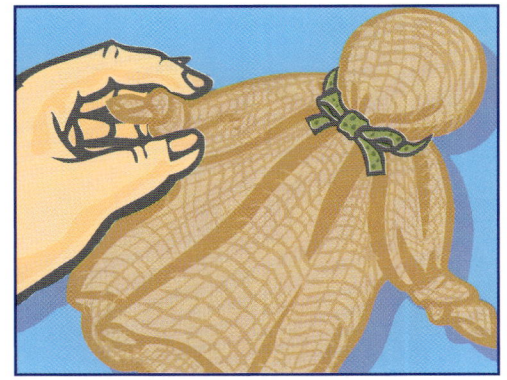

2. Leg die Füllung in die Mitte des Stoffquadrates. Falte den Stoff herum und binde ihn mit der Schleife zusammen. Knote die beiden seitlichen Zipfel zu Händen.

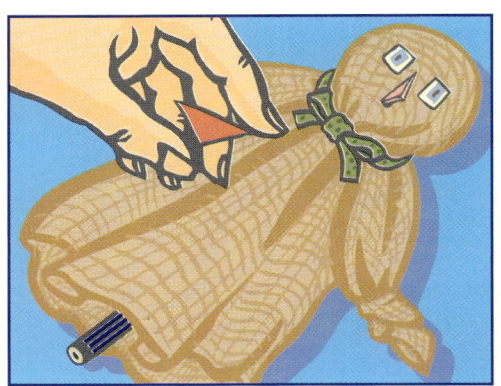

3. Steck den Bleistift oder Stab mit dem spitzen Ende in den Kopf. Wenn er nicht von selber hält, klebst du ihn fest. Klebe Filzstücke als Augen, Mund und Nase auf.

Becherpuppe

Tellerfigur

1. Überlege zuerst, was für ein Typ deine Puppe werden soll. Male Gesicht und Kleidung auf den Becher. Anschließend klebst du den Strohhalm oder Stab von innen in den Becher.

2. Klebe Arme und eine Fliege aus Pappe an. Mache kringelige Haarlocken aus dünnen Papierstreifen, die du über der Kante einer geschlossenen Schere rund ziehst. Kleb sie fest.

Auch aus Papptellern lassen sich schnell Figuren machen. Schneide eine Sonnen- oder Mondform aus. Male ihr ein lustiges Gesicht auf und klebe einen Strohhalm an der Rückseite fest.

Der Frosch hat Tischtennisbälle als Augen und Pfeifenputzer als Arme und Beine bekommen.

Der elegante Herr Schüttellocke

Der Mann im Mond und Frau Sonne sind aus Papptellern entstanden.

KINDER DER KÜCHE

Ein Küchen-Mop, Staubwedel, Kochlöffel oder Plastiklöffel kann eine witzige Spielfigur ergeben. Mach ein paar von den hier gezeigten Typen nach oder denk dir eigene aus.

Was du brauchst

Einen hölzernen Kochlöffel und Knopf
Schwarzen Filz oder Papier, Wolle und Pappe
Plakatfarben und Pinsel
Schere und Kleber

GEHEIMTIPS

Bevor du mit dem Bemalen beginnst, überleg dir, welchen Typ du machen willst. Wie soll das Gesicht aussehen?

Willst du ein fröhliches Gesicht mit einem lachenden Mund und rosigen runden Backen?

Oder soll die Puppe so traurig schauen wie der Clown mit hängenden Mundwinkeln, schräggestellten Augenbrauen und einer Träne?

Käpt'n Klapperlöffel

1. Bemale den Löffel oben rosa und unten gestreift. Auf die getrocknete Farbe malst du ein Gesicht. Klebe eine Augenklappe aus Filz auf.

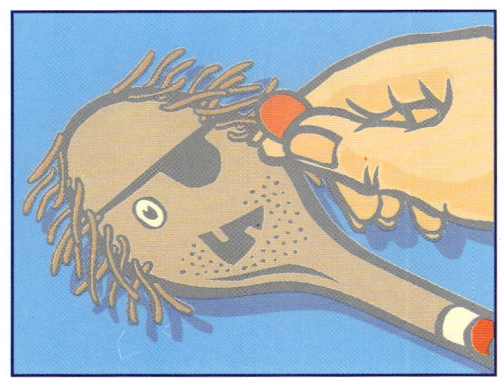

2. Klebe Wollbüschel als Haare an. Bemale den Holzknopf dunkelrosa. Klebe ihn dem Piraten mitten ins Gesicht.

3. Schneide zwei Hutformen aus Filz oder Papier und klebe sie zusammen. Dekoriere die Vorderseite mit einem Totenkopf.

4. Wenn der Kleber trocken ist, stülpst du dem Piraten die Mütze schräg über den Holzkopf.

5. Schneide den Körper doppelt aus Pappe, male Hände und Ringelpullover auf. Klebe Messer, Trageriemen und Schnalle an.

6. Klebe das Rückenteil mit vielen Klebstreifen an den Löffel, damit es gut hält. Dann klebe das Vorderteil darauf.

Die Prinzessin bekommt Arme aus Pappe angeklebt. Ihr Kleid besteht aus Tüll und ist mit Silberband um den Löffel geklebt. Die blonden Haare und das silberne Krönchen sind aus Papier ausgeschnitten.

Der Mop-Mann trägt eine Sonnenbrille und ein gemaltes Batik-T-Shirt.

Für den traurigen Clown brauchst du nur einen Löffel, Wolle und Papierreste.

Käpt'n Klapperlöffel voll in Aktion

FRECHE FINGERPÜPPCHEN

Wußtest du schon, daß du ein paar Theaterspieler an deinen Händen hast? Du kannst deine Finger selber als Figuren benutzen! Wenn du sie mit Fingerfarben bemalst, hast du lauter kleine Leute zusammen. Oder mach für jeden Finger eine andere Maske aus Papier oder Filz.

Was du brauchst

Bunte Filz- und Wollreste
Nadel und Faden
Filzstifte
Schere
Kleber

Eine freundliche Oma mit weißem Wollhaar

Ein gemaltes Clowngesicht mit Filzhut

Eine weinende Dame mit großen Filztränen

Ein wilder Cowboy

Ein Filzpüppchen mit Wollhaaren und sattem Grinsen im Gesicht

Lustige Tiere aus bemalten Papierröhrchen

Freche Fingerpüppchen

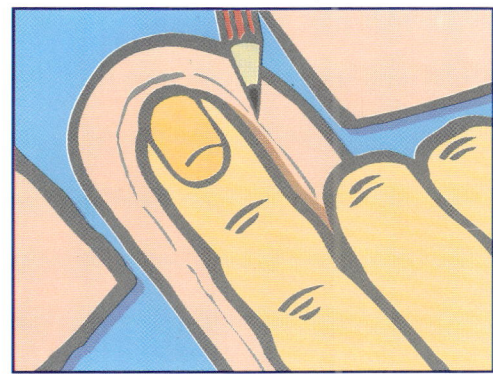

1. Leg einen Finger auf den Filz. Umzeichne ihn bis zum zweiten Gelenk. Ziehe 1,5 cm über der ersten eine zweite Linie und schneide diese aus. Schneide den Boden gerade ab.

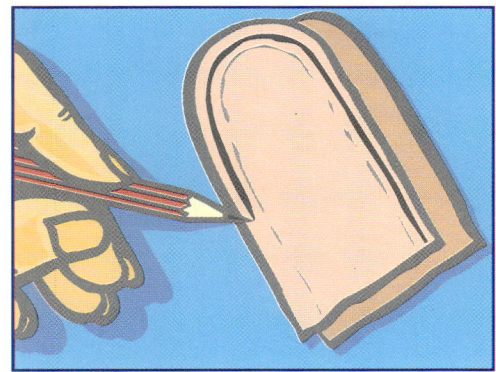

2. Schneide ein zweites gleiches Filzstück zurecht. Lege beide mit den Linien nach außen zusammen. Male zwischen Kante und innerer Linie eine weitere Linie für die Naht auf.

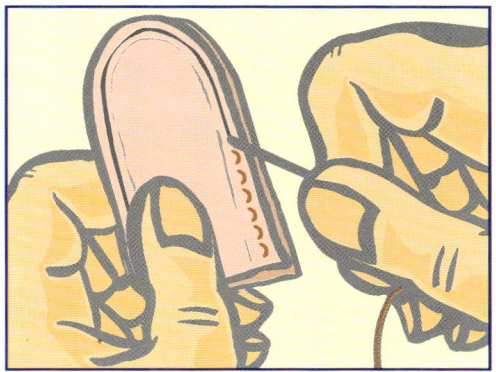

3. Fädle den Faden in die Nadel und mache am Ende einen Knoten. Nähe mit ganz kleinen Stichen beide Teile zusammen.

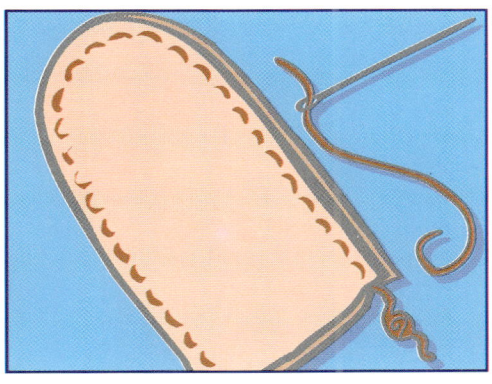

4. Am Ende nähst du ein paar Stiche wieder zurück über die vorherigen Stiche, damit die Naht hält. Mache eng am Filz einen Knoten und schneide den Faden ab.

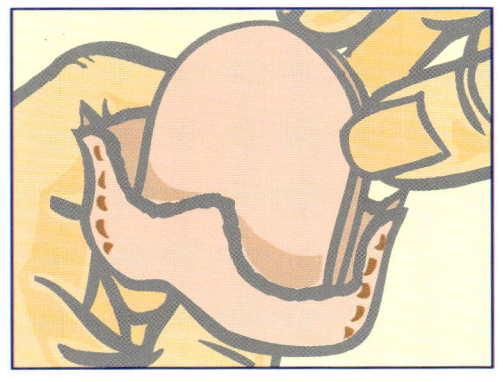

5. Wende den Filz und stecke deinen Finger hinein. Wenn sich der Saum zu dick anfühlt, drehe den Stoff noch mal auf die linke Seite und schneide etwas ab.

6. Schmücke dein Püppchen: Klebe einen Filzmund, Augen und Wollhaare an. Aus Goldfäden kannst du Ohrringe drehen. Näh sie an den Ohren fest.

GEHEIMTIPS

Du kannst Fingerpüppchen passend für jeden einzelnen Finger machen. Oder miß die Püppchen am Daumen ab, dann sind sie für alle anderen Finger groß genug.

Für Papierfiguren rollst du einen Streifen Papier um deinen Finger und klebst ihn hinten zu. Beklebe und bemale ihn mit Filzstiften.

Veranstalte ein Fingertheater! Versteck dich hinterm Tisch und laß die Figuren an der Tischkante spielen.

Wenn du deine Finger direkt bemalst, nimm nur ungiftige Farben, die man abwaschen kann (am besten Fingerfarben). Kleider, Hüte und Krawatten machst du aus Stoffresten.

KARTON-KÜNSTE

Hier siehst du Figuren aus dünnem Karton. Die Tänzerinnen hältst du mit den Fingern, andere Figuren führst du von hinten. Wenn man deinen Arm beim Spielen nicht sehen soll, verstecke dich unter dem Tisch und bewege sie auf der Tischkante.

Was du brauchst

Dünnen Karton oder Tonpapier
Papier, Seidenpapier
Bunt- oder Filzstifte, Farben
Bleistift, Lineal, Schere, Kleber

Der große graue Elefant hat einen beweglichen Rüssel.

GEHEIMTIPS

Nach der gezeigten Methode kannst du auch andere Figuren basteln. Zeichne deine Idee zuerst auf. Dann bastle die Figur und schau, ob es funktioniert.

Aus dicker Pappe lassen sich die Figuren nicht so gut schneiden. Verwende am besten farbiges Tonpapier oder die bemalten Wände von Cornflakes-Schachteln.

Cancan-Tänzerin

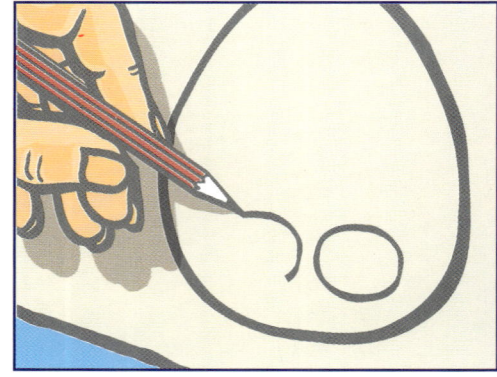

1. Zeichne eine etwa 11 cm hohe Eiform auf den Karton. Markiere unten zwei etwa 1 cm auseinanderliegende Kreise (etwas dicker als deine Finger).

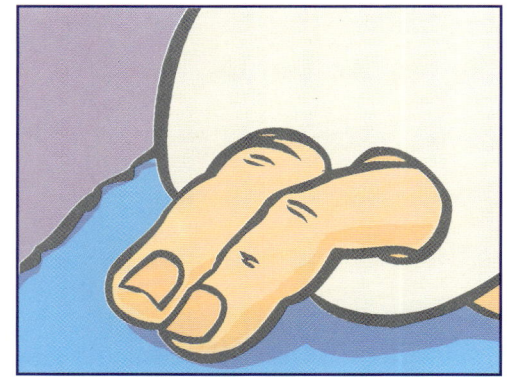

2. Schneide die Eiform und die beiden Kreise aus. Probiere, ob dein Ring- und Mittelfinger bequem durch die Löcher passen.

3. Male eine Tänzerin auf die Eiform. Klebe Petticoat-Rüschen aus Seidenpapier darauf. Wenn du die Finger in den Löchern bewegst, tanzt sie.

Mach gleich zwei Cancan-Tänzerinnen für beide Hände.

Die Dampflok kannst du von hinten festhalten und über die Tischkante rattern lassen.

Dampflok

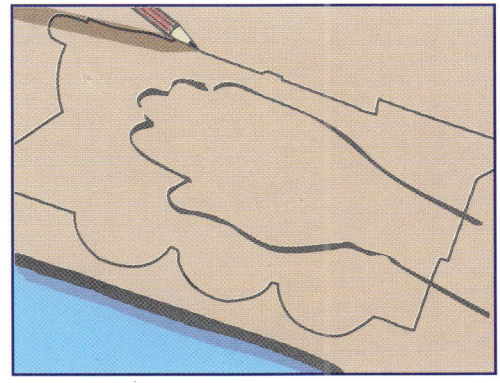

1. Zeichne die Umrisse deiner Hand auf den Karton. Male außenherum die Form einer Dampflok. Sie ist etwas größer als deine Hand.

2. Schneide die Lok aus. Klebe Räder und eine riesige Dampfwolke aus Papier an. Andere Details wie Fenster und Metallnieten malst du auf.

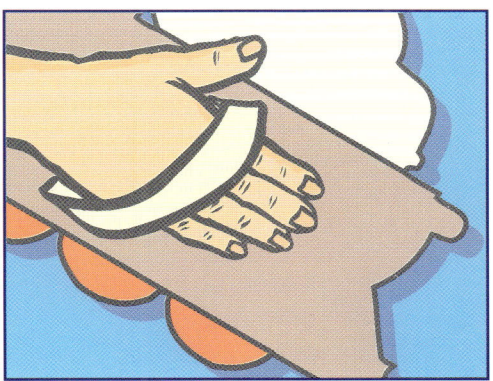

3. Schneide zum Halten einen Pappstreifen, etwas länger als deine Handbreite. Biege die Enden 1 cm nach hinten und klebe sie auf der Rückseite der Lok an.

HANDPUPPEN

Kasperle- und Handpuppen passen wie ein Handschuh über deine Hand. Mit den Fingern bewegst du ihre Arme und bei dem hungrigen Hai auch das Maul.

Wenn du für jede Hand eine Figur machst, kannst du mit dir selber Theater spielen und die beiden Puppen miteinander sprechen lassen. Hier siehst du ein paar Vorschläge für witzige Tiere.

Was du brauchst

Filz in passenden Farben: für den Tiger Gelb, Schwarz, Weiß und Rosa; für den Hai Blau, Grau, Schwarz, Weiß und Rot
Papier
Filzstift
Schere
Nadeln
Nähnadel und Faden
Lineal
Kleber

Ein wuscheliger schwarz-weißer Panda aus Teddystoff

Tiger auf dem Sprung

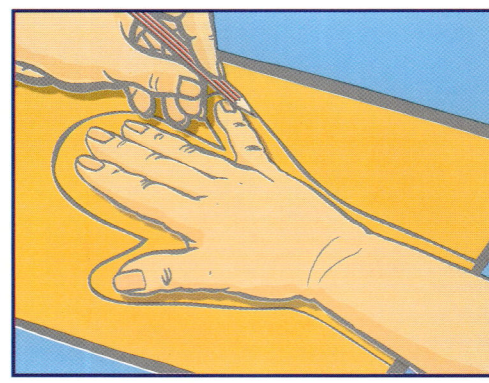 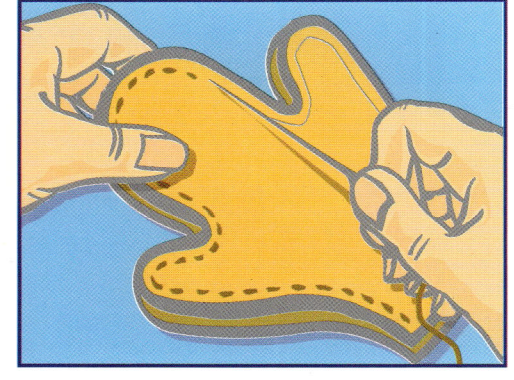 

1. Leg deine Hand auf den Filz. Daumen und kleiner Finger sind abgespreizt. Umfahre die Hand. Gib 4 cm Breite zu. Schneide den Umriß zweimal aus.

2. Leg beide Teile aufeinander, stecke sie mit Stecknadeln fest. Nähe sie 1 cm vom Rand entfernt zusammen. Unten bleibt der Körper offen. Wende den Stoff.

3. Schneide Teile für Gesicht und Körper aus Filz zurecht: Bauch, Gesicht und Ohren weiß; rotes Maul, rosa Pranken und Nase, schwarze Streifen. Klebe alles auf.

Hai mit Heißhunger

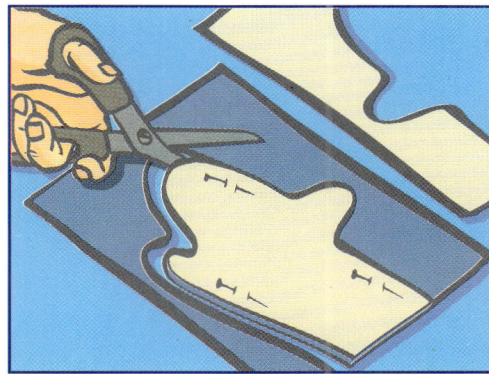 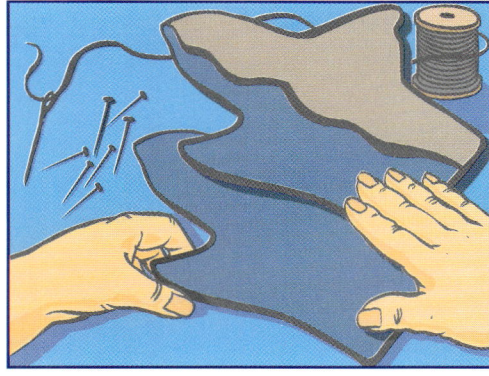 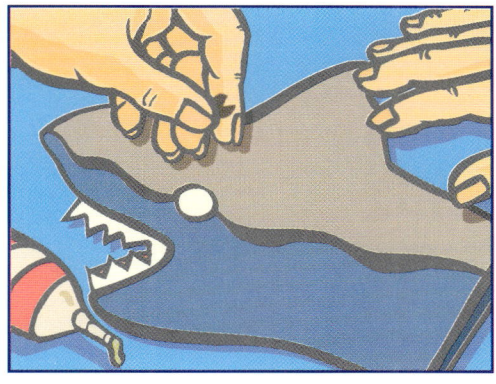

1. Umfahre deine geschlossene Hand auf einem Bogen Papier. Gib 4 cm Breite zu. Male eine Finne daran. Schneide die Form aus, steck sie auf den blauen Filz, schneide sie zweimal aus.

2. Schneide für das Hai-Oberteil zwei graue Filzstücke zurecht. Klebe sie auf die blauen Teile. Stecke diese mit den grauen Teilen nach innen mit Nadeln zusammen.

3. Nähe die Figur wie den Tiger auf Seite 14 zusammen. Klebe eine rote Filzzunge, weiße Sägezähne und weiße Filzaugen auf den fertigen Hai.

Der handschuhförmige Körper ist mit scheinbar rasiermesserscharfen Filzzähnen besetzt.

Der Tiger ist gerade auf dem Sprung.

GEHEIMTIPS

Wenn du statt Filz anderen Stoff verwendest, laß an der Unterseite der Figur einen etwa 2 cm breiten Saum stehen. Umnähe ihn mit kleinen Stichen, damit der Stoff nicht ausfranst.

Tolle Tierfiguren nähst du aus Resten von Teddystoff und Kunstpelz, die du in Stoffgeschäften oft billig kaufen kannst.

HAMPELMÄNNER

Hampelmänner werden durch ein Fadensystem auf der Rückseite bewegt. Dieses Spielzeug gibt es schon seit Jahrhunderten. Die Gelenke sind mit Musterklammern zusammengehalten, die du in Schreibwarengeschäften bekommst.

Was du brauchst

Steifen von schwarzem Karton, Bleistift und Schere
Weiße Farbe und Pinsel
Strick- und Stopfnadel
Schnur oder starken Zwirn
Eine schöne Kordel
Sechs Musterklammern
Eine große Perle

GEHEIMTIPS

Wenn die Gelenke sich nicht gut bewegen, mache die Löcher für die Musterklammern größer.

Damit dein Skelett noch furchterregender aussieht, bemale es mit fluoreszierenden Farben.

Skelett-Form

Übertrage die Teile auf schwarzen Karton. Mach sie doppelt so groß wie hier abgebildet.

Zwei Arme

Körper mit Kopf

Zwei Unterschenkel

Zwei Oberschenkel

Schauder-Schlotter-Schüttel-Skelli

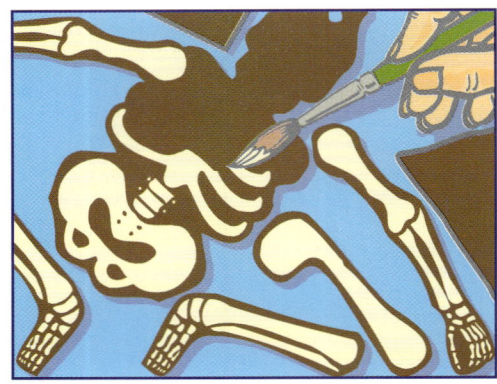

1. Zeichne nach der Vorlage rechts die Skelett-Teile auf den Karton. Schneide die sieben Teile aus und male mit dicker weißer Farbe Knochen darauf.

2. Steche mit der Stricknadel die zwölf größeren markierten Löcher durch. Sie dürfen nicht zu nah am Rand liegen, damit sie nicht ausreißen können.

3. Steche mit der Stopfnadel die kleineren Löcher durch. Je ein Loch liegt an den Oberarmen und Oberschenkeln.

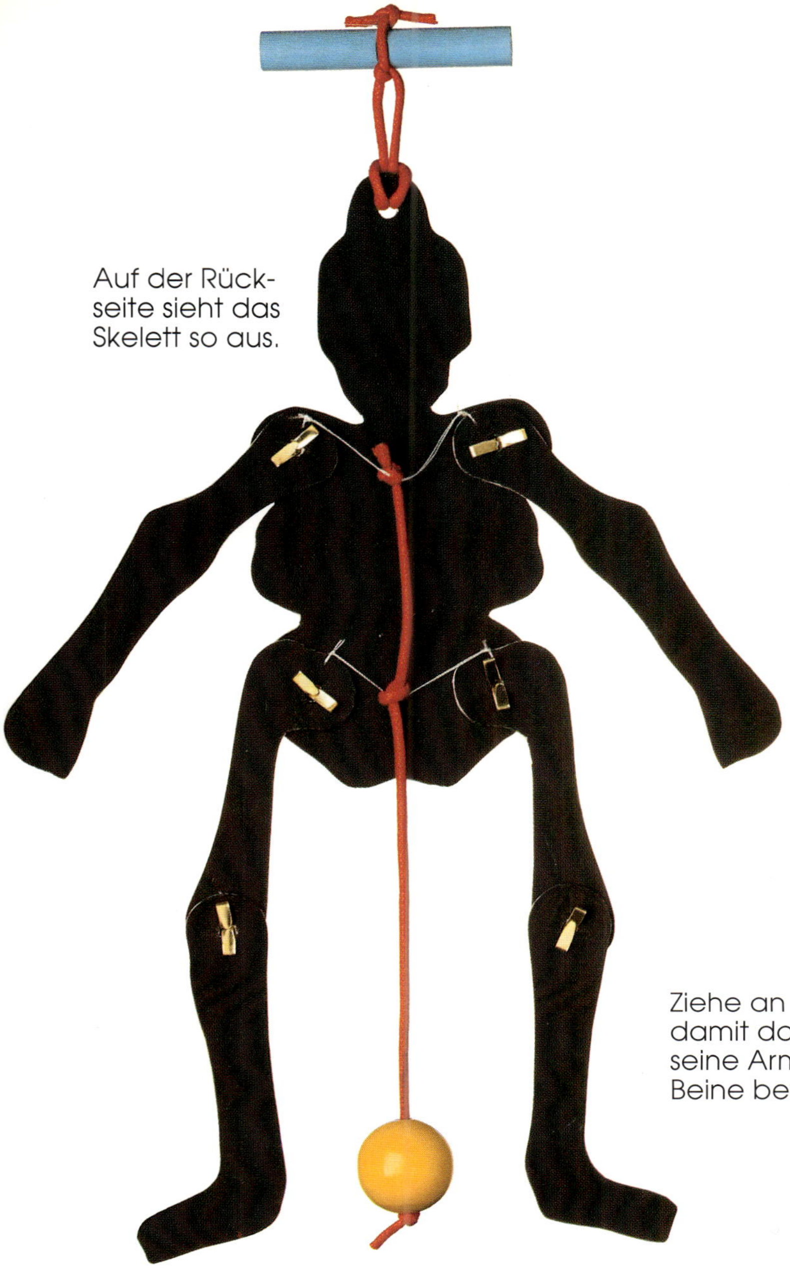

Auf der Rückseite sieht das Skelett so aus.

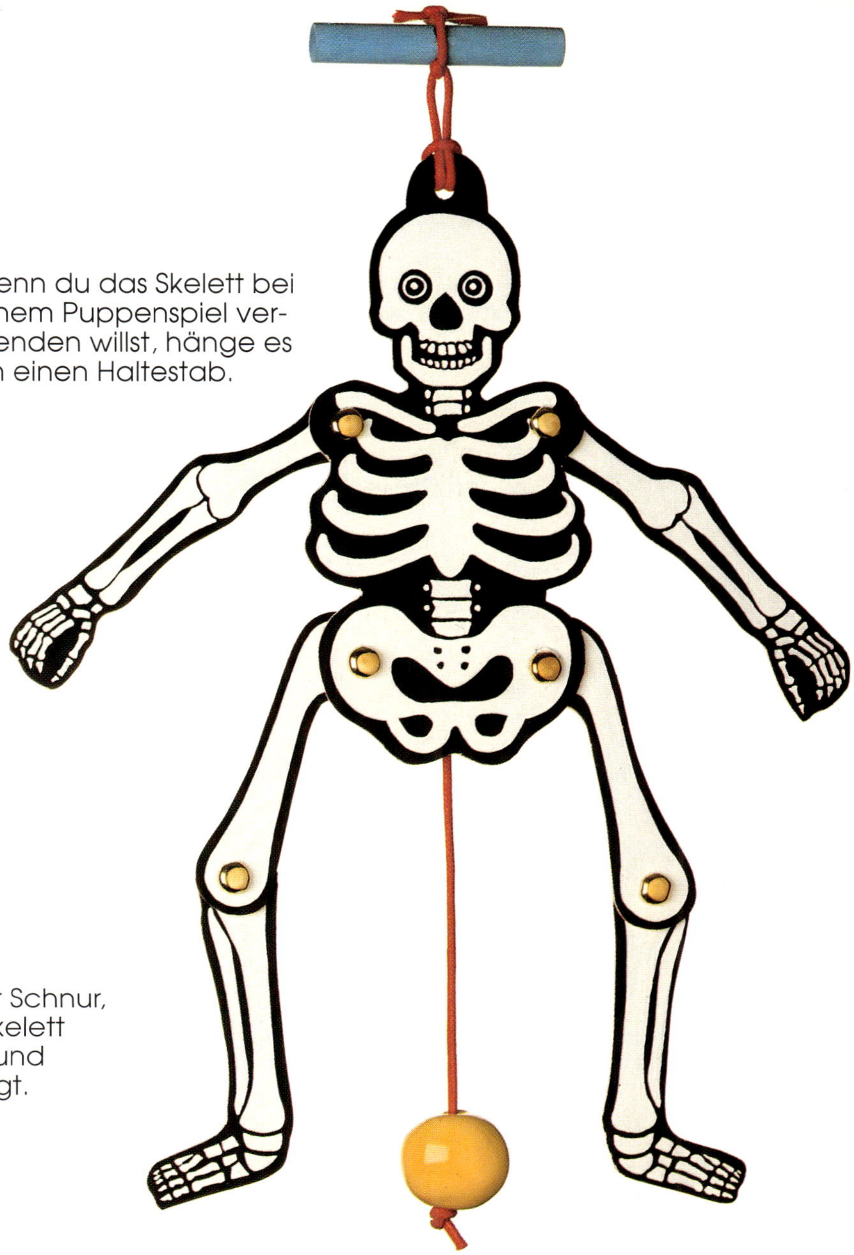

Wenn du das Skelett bei einem Puppenspiel verwenden willst, hänge es an einen Haltestab.

Ziehe an der Schnur, damit das Skelett seine Arme und Beine bewegt.

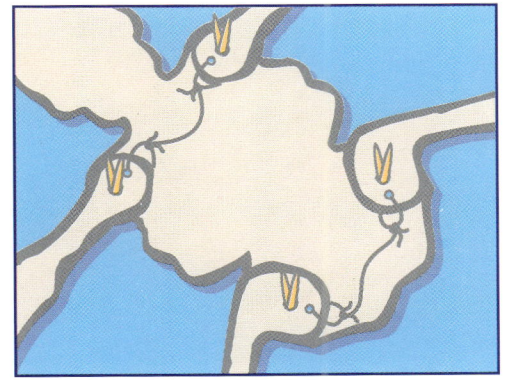

4. Lege Arme und Oberschenkel unter den Körper. Stecke die Musterklammern durch die großen Löcher, mach sie aber noch nicht auf. Nähe Arme und Beine an den kleinen Löchern zusammen.

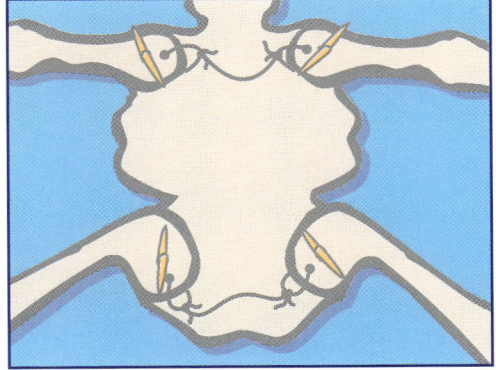

5. Öffne die Musterklammern. Lege die Unterschenkel an die Oberschenkel. Befestige sie mit Verschlüssen. Sie dürfen nicht zu fest sitzen.

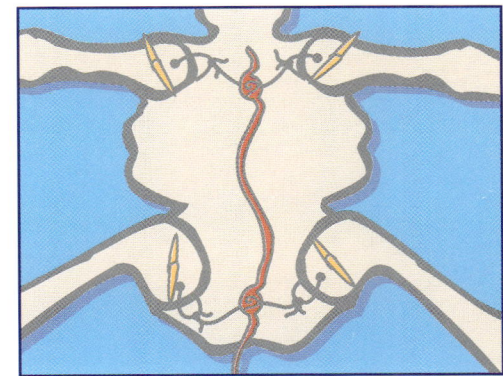

6. Knote die Kordel mit einem Ende an den Faden zwischen den Armen und in der Mitte an den Bein-Faden. Knote unten die Perle an. Ziehe am Kopf eine Schlinge zum Aufhängen durch.

17

SCHLENKER-FIGUREN

Die hier gezeigten Figuren bestehen aus aufgefädelten Perlen, Nudelröhrchen, Tischtennisbällen und Papprröhrchen. Die Sonnenblume liegt versteckt im Korb. Wenn du am Faden ziehst, reckt sie sich hoch. Mit der Schlange, die sich aus dem Korb schlängelt, und der vielfach gewundenen Raupe kannst du eine ganz schöne Show abziehen.

Was du brauchst

Eine Pappschüssel
Grünes Papier
Nudelröhrchen
Grüne Perlen, etwa so dick wie die Nudeln
Bleistift und Schere
Farben und Pinsel
Einen etwa 40 cm langen Faden
Einen Korb oder mittelgroßen Blumentopf
Knetgummi oder Klebewachs
Klebeband

Die Raupe aus bemalten Tischtennisbällen windet sich ganz echt an ihrem Faden. Arme und Fühler machst du aus Pfeifenputzern.

Überraschungs-Sonnenblume

1. Zeichne eine Sonnenblume mit vielen Blütenblättern auf die Pappschüssel. Schneide sie aus. Male sie bunt an. Mach ihr auch ein Gesicht, wenn du willst.

2. Male die Nudeln knallgrün an. Schneide Blattpaare aus dem grünen Papier. Bohre jeweils in der Mitte ein kleines Loch.

3. Klebe die Schnur mit Knetgummi oder Klebeband unten in den Korb. Fädle die Nudeln, Perlen und Blätter auf. Zuletzt kommt eine Perle.

GEHEIMTIPS

Verwende für die Schlenkerfiguren starken Faden, damit er nicht beim Spielen reißt.

Du kannst auf die Rückseite der Sonnenblume noch eine zweite Blüte kleben. Dann ist sie von allen Seiten ansehnlich.

Schwupp, die Sonnenblume wächst in Sekundenschnelle!

Wenn du die Schlange langsam bei exotischer Musik aus ihrem Korb ziehst, bist du ein richtiger Schlangenbeschwörer.

Der hübsche Schmetterling wird aus Tonpapier geschnitten und an die Blume geklebt.

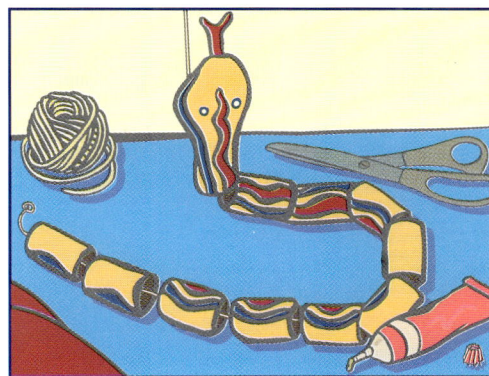

4. Mache über der letzten Perle einen Knoten. Klebe die Blüte mit einem Stück Klebeband an der Schnur an.

5. Leg die Blume in den Korb. Wenn man sie sehen soll, ziehst du sie am Faden hoch. Oder hänge sie an einen Haken.

6. Eine Klapperschlange machst du auf die gleiche Art mit Pappröhrchen (aus Klopapierrollen). Klebe einen Papier-Kopf mit einer langen Zunge an.

19

FLUGKÜNSTLER

Figuren, die fliegen können, wirken auf der Spielbühne besonders dramatisch. Du bringst sie zum Fliegen, indem du sie mit dünnem Faden an einen Stab (zum Beispiel Blumenstab oder Holzstab) bindest. Hier siehst du, wie eine Hexe auf ihrem Besen, eine herumflatternde Fledermaus und eine fliegende Untertasse entstehen.

Was du für eine Hexe brauchst

Karton
Stoff
Bleistift und Lineal
Schere
Klebeband
Kleber
Pinsel und Farben
Nadel und Faden
Stab und kleine Äste für den Besen
Wolle für die Haare
Pfeifenputzer
Filzreste
Stab zum Aufhängen

Das Gesicht der Hexe kannst du mit Wasserfarben oder auch mit Filzstiften aufmalen.

Hexe auf dem Besen

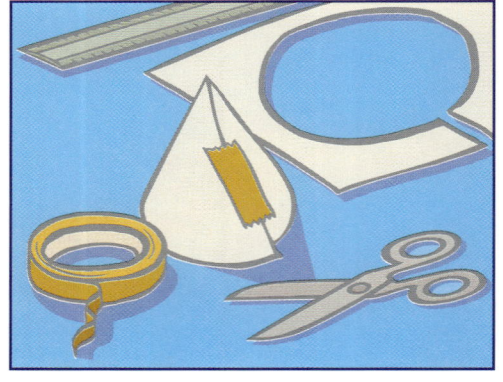

1. Schneide für den Körper eine Pappscheibe (22 cm Durchmesser) zurecht. Ziehe eine Linie vom Rand zur Mitte, schneide sie auf. Klebe einen Kegel aus der Scheibe.

2. Schneide eine passende runde Hutkrempe für den Kopf, bemale sie schwarz. Bemale den Hut schwarz mit gelben Sternen und Monden. Male ein Gesicht auf. Klebe die Hutkrempe an.

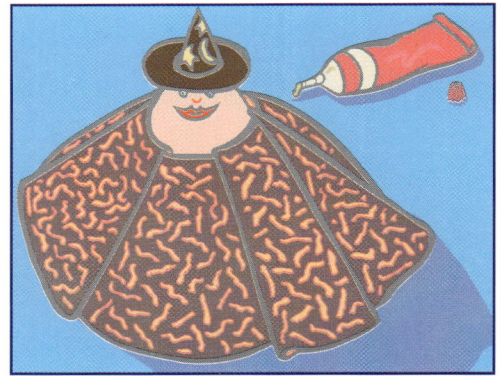

3. Schneide eine 22 cm große runde Stoffscheibe mit einem Loch in der Mitte für den Hexenkopf aus. Streiche den Pappkegel in der Mitte mit Klebstoff ein und klebe das Kleid an.

Aus einer Pappschale und einem Pappteller wird ein schwirrendes Ufo. Male Fenster mit Astronautenköpfen darauf.

GEHEIMTIPS

Male als Hintergrund einen Nachthimmel auf Papier.

Laß deine Figuren langsam von oben davor hinabgleiten oder von der Seite hereinschweben.

Die Haltestäbe müssen kräftig genug sein, damit sie während des Spielens nicht zerbrechen.

Eine Fledermaus entsteht aus Filz und Pappe. Sie ist mit beiden Flügeln am Haltestab aufgehängt.

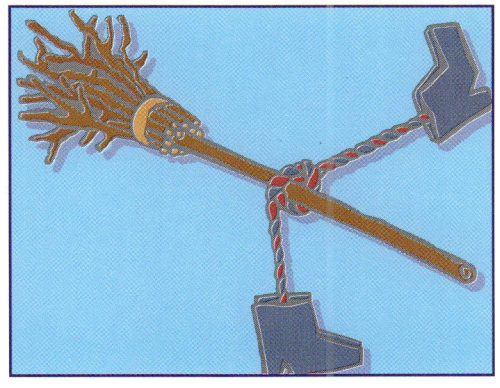

4. Für den Besen klebe und binde kleine Zweigchen an den Holzstab. Als Beine drehe zwei Pfeifenputzer zusammen, klebe sie an den Stab und befestige Schuhe aus Filz daran.

5. Nähe oder klebe das Kleid der Hexe am Besen fest. Aus weiteren angeklebten Pfeifenputzern machst du die Arme. Für die Haare klebst du Wollfransen an den Kopf.

6. Verknote ein Fadenende. Nähe durch den Hut (der Knoten bleibt im Hut), und knote das lose Ende am Haltestab fest. Befestige einen zweiten Faden zwischen Besengriff und Haltestab.

BOMMELTIERE

Stell dir vor, plötzlich springt beim Theaterspielen eine haarige schwarze Spinne auf die Spielbühne! Du kannst so eine Spinne leicht aus einer Bommel und Pfeifenputzern basteln. Genauso lassen sich die verschiedensten Spieltiere machen. Für die Bommeln brauchst du schon etwas Zeit, aber die Figuren daraus sind schnell fertig.

Was du für die Spinne brauchst

Dünne Pappe (Cornflakes-Karton)
Schwarze Wolle
Vier schwarze Pfeifenputzer, in der Mitte durchgeschnitten, für acht Beine
Schwarzes Gummiband
Einen Bleistift
Filz in Orange, Weiß und Rot für das Gesicht
Schere und Kleber

Flugschwein Felix: Klebe für das fliegende Schweinchen zwei rosa Bommeln zusammen und befestige Flügel aus Filz daran.

Hüpfspinne Hugo

1. Schneide zwei gleiche Pappscheiben mit etwa 7 cm Durchmesser aus. Schneide in der Mitte ein 3 cm großes Loch. Wickle die Wolle zu kleinen Knäueln auf, die durch das Loch passen.

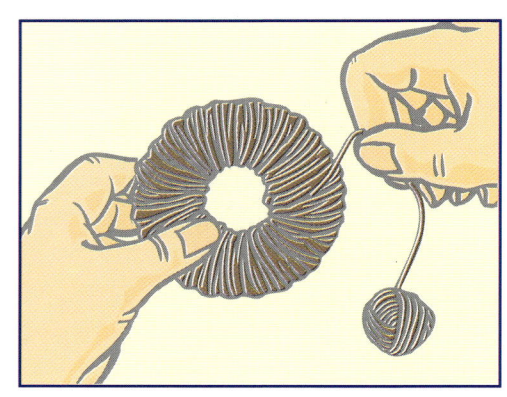

2. Lege beide Pappringe zusammen. Wickle die Wolle immer im Kreis um die Pappscheiben, wie du es auf der Zeichnung siehst.

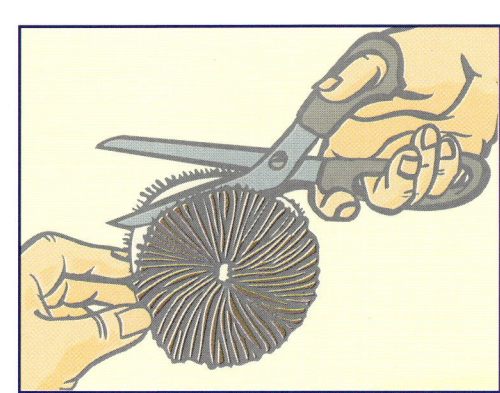

3. Wenn das Loch fast zu ist, schneide das Fadenende ab. Schneide die Wolle außen am Ring mit einer scharfen Schere vorsichtig auf. Die Schere läuft zwischen den Pappringen.

Auch der kluge Uhu hat Flügel aus Filz und Beine aus Pfeifenputzern.

Hugo Hüpfspinne kurz vor dem Sprung...

Für die gestreifte Biene Maja wickelst du abwechselnd dicke Schichten schwarze und gelbe Wolle um die Pappringe.

GEHEIMTIPS

Wenn dein Wollknäuel zwischendurch beim Wickeln zu Ende geht, knote das neue Knäuel am alten Fadenende fest. Schneide alle sichtbaren Knoten aus der fertigen Bommel heraus.

Mache auch mal eine Bommel aus mehreren Farben Wolle wie bei der Biene Maja. Wickle immer eine Schicht in einer Farbe. Dann nimmst du die nächste.

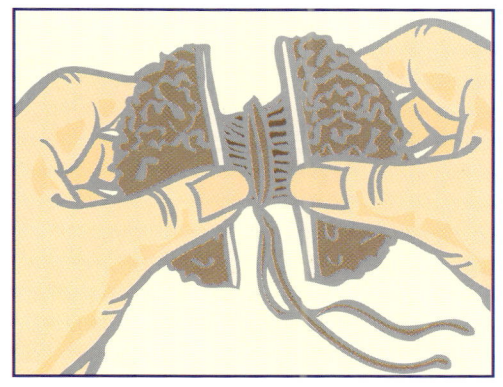

4. Binde den Wollstrang in der Mitte zwischen den Pappringen mit einem starken Faden fest zusammen und verknote ihn gut. Zieh die Ringe vorsichtig ab. Stutze die Bommel gleichmäßig.

5. Klebe die Peifenputzer an die Wollkugel. Wenn der Kleber trocken ist, biege die Beine für die Spinne wie auf der Zeichnung zurecht.

6. Schneide zwei halb ovale Augen mit Pupillen und einen Mund aus dem Filz. Klebe beides auf die Bommel. Binde die Spinne an ein Gummiband, so daß sie auf und ab hüpfen kann.

23

WALDMENSCHEN

Urtümliche Naturkinder werden aus Blättern, Zapfen und Zweigen aus dem Wald gemacht. Im Herbst findest du viel buntes Material in der Natur. Die Figuren sollten beim Spielen nur von vorne gezeigt werden, da sie von hinten nicht so ansehnlich sind. Laß den Klebstoff lange trocknen.

Was du für die Blätterprinzessin brauchst

Steifen Karton, Klebstoff, Klebeband
Getrocknete Herbstblätter
Zwei lange, starke Äste
Pfeifenputzer
Farbe und Pinsel

GEHEIMTIPS

Haare kannst du aus kleinen kräuseligen Blättern oder Tannenzweigchen machen. Große Blätter eignen sich gut für Kleider.

Benutze starken Karton, denn die Zweige und Zapfen sind schwer. Auf dünnem Karton würden sie nicht halten.

Dieser Waldgeist aus einem Zapfen hat eine Walnuß-Nase.

Das kleine Waldmännchen besteht aus kleineren Zapfen, die auf einen Pappkörper aufgeklebt sind.

Blätterprinzessin

1. Schneide aus dem Karton einen Körper mit weitem Rock zurecht. Male das Gesicht auf und dekoriere das Körperoberteil.

2. Bemale die größten Blätter mit Glitzerfarben oder Goldbronze. Klebe die Blätter in mehreren Schichten als wallenden Rock an den Körper.

3. Für die Ärmel klebe drei kleine Blätter an beide Schultern. Für die Haare klebe weitere Blätter auf den Kopf. Laß in der Mitte einen Scheitel.

4. Laß den Klebstoff über Nacht trocknen. Klebe nun von hinten einen Zweig als Arme auf. Er schaut an den Ärmeln heraus.

5. Mache aus einem Pfeifenputzer fünf Finger. Drehe das andere Ende um den Arm. Mach es am anderen Arm genauso.

6. Klebe auf der Rückseite einen starken Stab senkrecht an den Körper. Daran kannst du die Puppe zum Spielen halten.

Die Blätterprinzessin trägt ein wallendes Kleid.

MARIONETTENMANN

Eine Marionette ist eine Puppe, die an Fäden hängt. Die Fäden sind an einem Holzkreuz befestigt. Wenn man es kippt, bewegt die Marionette Arme, Beine und Kopf.

Was du brauchst

Eine Socke
Stoffreste als Füllung für den Kopf
Filz für Kopf, Augen, Ohren und Nase
Wolle für die Haare
Papprohr (aus Klopapierrolle)
Eierkarton
Pappe für Hände und Füße
Zwei dicke Pappstreifen für das Kreuz
Fünf dünne Pappröhrchen für Arme, Beine und Füße
Schere, Schnur und Faden
Musterklammern
Kleber und starkes Klebeband
Farben und Pinsel

Der Marionettenmann hat zur Verschönerung noch eine getupfte Fliege und eine Blume bekommen.

GEHEIMTIPS

Um mit Marionetten gut zu spielen, brauchst du schon etwas Übung. Drehe und kippe das Haltekreuz probehalber in alle Richtungen. Halte es mit einer Hand. Mit der anderen ziehst du an den Fäden.

Einzelne Fäden dürfen nicht zu stramm oder locker gespannt sein, wenn du die Puppe aufrecht hältst. Ändere die Knoten bei Bedarf.

Damit die Arm- und Kniegelenke besonders gut halten, klebst du die Verbindungsstelle jeweils von vorne und von hinten mit Klebeband aneinander.

Marionettenmann

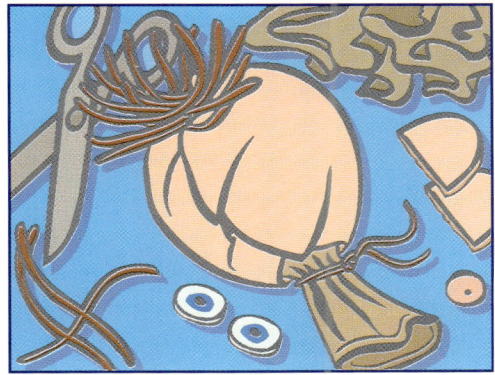

1. Stopfe für den Kopf die Socke mit Lumpen aus. Binde Schnur um den Hals. Klebe Filz mit der Öffnung nach hinten um den Kopf. Befestige Haare, Augen, Ohren und Nase.

2. Ziehe den Hals durch das Papprohr. Schneide den Eierkarton so ein, daß der Hals hineinpaßt. Klebe den Kopf leicht herausstehend ein. Klebe den Karton zu.

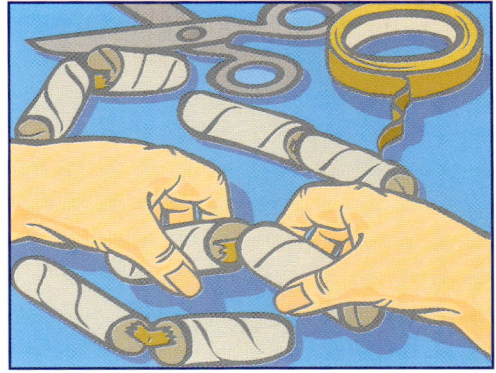

3. Für Arme und Beine schneidest du acht etwa fingerlange Pappröhrchen zurecht. Die für die Arme sind etwas kürzer. Klebe je zwei mit Klebeband am Gelenk zusammen.

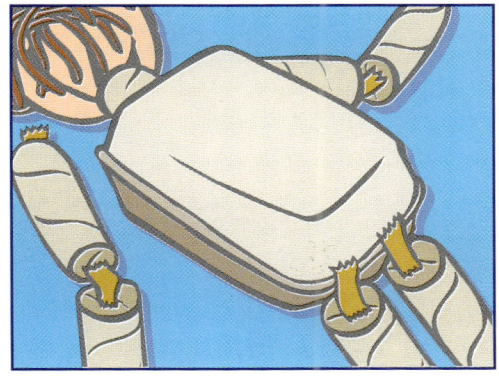

4. Klebe die Arme an den Schultern fest. Die Ellbogen-Klebstellen schauen nach außen. Klebe die Beine (mit den Klebstreifen der Kniegelenke hinten) am Körper fest.

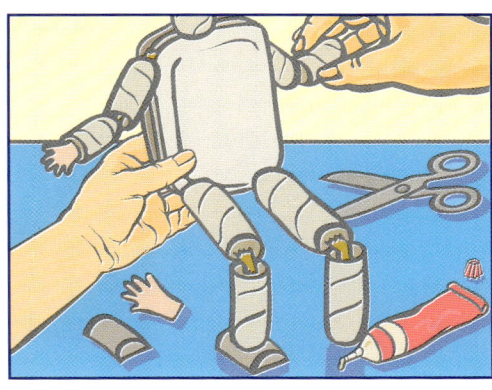

5. Mache Füße aus halbierten Pappröhrchen, die du auf platte Pappstückchen klebst. Klebe sie an die Beine. Bemale die ganze Figur mit Farbe.

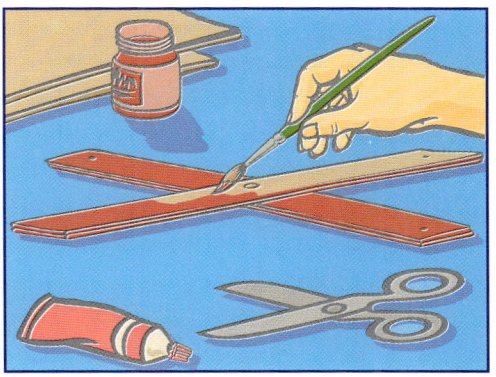

6. Streiche auch die Pappstreifen für das Haltekreuz bunt an. Stecke sie mit Musterklammern zusammen. Steche an allen vier Enden ein Loch. Ziehe Fäden durch. Befestige die Marionette.

Wie du die Marionette befestigst

1. Mache einen Knoten an einem 20 cm langen Faden und ziehe ihn durch den Kopf.

2. Lege die Marionette vor dich hin. Schneide zwei Fäden, die vom Haltekreuz bis zu den Händen reichen, zwei weitere vom Kreuz bis zu den Kniegelenken.

3. Mach bei jedem Faden an einem Ende einen Knoten und ziehe das andere durch ein Loch im Haltekreuz. Steche an den Händen und Kniegelenken Löcher. Ziehe den entsprechenden Faden durch das Loch und mache am Ende wieder einen Knoten.

SCHATTENFIGUREN

Schattentheater ist in vielen Ländern beliebt, besonders in Asien. Die Figuren werden hinter einer halb durchsichtigen Leinwand bewegt. Die Zuschauer sehen nur ihre Silhouetten oder Schatten. Einfache Figuren aus schwarzem Karton kannst du zusätzlich mit buntem Transparentpapier schmücken.

Was du brauchst

Dunklen Karton (oder weißen, der schwarz bemalt ist)
Schere, Bleistift, Kleber und Klebeband
Holzstäbchen oder glatte Äste
Buntes Transparentpapier und Pergamentpapier
Einen großen Karton und eine Lampe

GEHEIMTIPS

Wenn du deine Figuren vor einer Wand bewegst und sie von vorne mit einer Lampe beleuchtest, sieht man ihre Schatten an der Wand.

Die ausgeschnittenen Ornamente in den Figuren kannst du auch mit Spitzen oder Tüll bekleben. Das ergibt ein interessantes Muster.

Bunte Schattenfiguren

1. Zeichne die Umrisse eines Menschen oder Tieres auf den schwarzen Karton. Schneide sie aus. Schneide kleinere Ornamente aus der Figur aus.

2. Klebe farbiges Transparentpapier in die Ausschnitte, so daß man es von vorne sieht. Schneide die Seiten sauber ab, damit sie nicht hervorschauen.

3. Klebe die Figur an ein Holzstäbchen, so daß man sie von unten bequem halten kann. Wenn sie sehr breit ist, brauchst du zwei Stäbchen für beide Seiten.

Dieser Tänzer ist von traditionellen Schattenfiguren aus dem Fernen Osten inspiriert.

Figuren wie der tanzende Löwe kommen besonders in chinesischen Schattenspielen vor.

Das Motiv des Ritters auf seinem Pferd stammt aus griechischen Schattenspielen.

Wie du ein Schattentheater baust

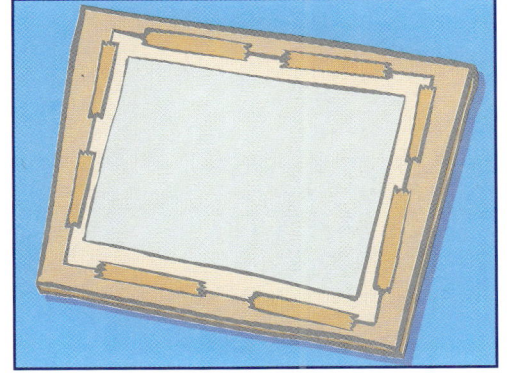

1. Schneide aus einem großen Pappkarton zuerst ein großes Rechteck aus. Klebe von hinten einen Bogen Pergamentpapier oder sonstiges halb durchsichtiges Papier ein.

2. Damit das Ganze steht, klebst du an den Seiten zwei weitere, oben leicht abgeschrägte Kartonstücke als Stützen an. Verwende dazu festes Klebeband.

3. Stelle dein Theater an der Tischkante auf. Stelle dahinter eine Lampe auf. Ziehe die Gardinen zu, damit das Zimmer ganz dunkel ist. Bewege die Puppen hinter dem Papier.

MAGNETTHEATER

Auf dieser Bühne laufen die Figuren wie durch einen Zauber ganz von selbst. Der Trick ist, daß sie von hinten an einem Magneten hängen. Die Figuren können sogar mit einem Tischtennisball Fußball spielen! Bastle dir ein buntes Theater mit roten Vorhängen und einer aufregenden Kulisse!

Was du brauchst

Kleber, Bleistift und Schere
Zwei Stücke Karton für Basis und Rahmen der Bühne (je 30 x 48 cm)
Ein Stück Karton (23 x 42 cm) für die Kulisse
Zwei Stücke Karton (je 10 x 20 cm) für die Stützen
Zwei Pabrollen (aus Klopapierrollen), halbiert, für die Füße
Farbe und Pinsel
Dünnes Tonpapier oder Zeichenkarton für Figuren und Szenerie
Kleine Magneten
Zwei Stäbe, Klebeband und Knetgummi

Die Bühne

1. Schneide die vier Pabrollen jeweils bis zur Hälfte ein. Stecke sie auf die vier Ecken der Basis-Platte. Klebe sie an und bemale die Basis.

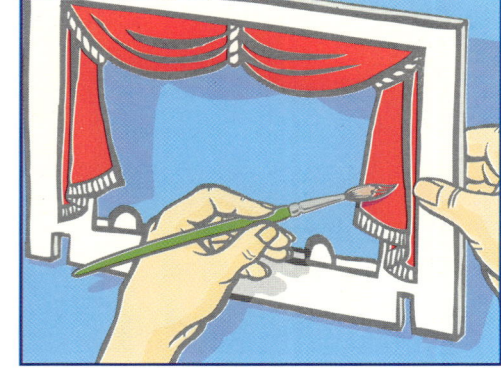

2. Schneide einen Rahmen mit Vorhang wie auf dem Bild aus dem zweiten großen Karton. Mache etwa 4,5 cm von den Seiten 2,5 cm hohe Schlitze in den Rahmen. Bemale ihn.

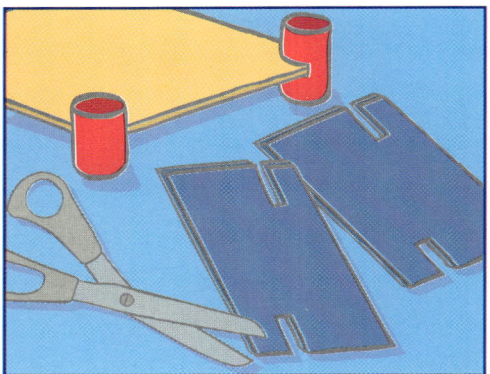

3. Schneide an den Stützen am oberen Rand einen 5 cm langen Schlitz, 2,5 cm vom Seitenrand entfernt; am unteren Rand einen 2,5 cm langen Schlitz, 2,5 cm vom anderen Seitenrand entfernt.

Figuren

Schneide aus dem Tonpapier Tiere aus und bemale sie. Klebe etwas Knetgummi auf einen Magneten. Stecke die Figur aufrecht hinein.

Für die Führungsleiste klebst du einen weiteren kleinen Magneten mit Knetgummi auf einen Holzstab. Mache mehrere solche Leisten.

Führe die Führungsleisten vorsichtig unter die Figuren und bewege sie langsam hin und her.

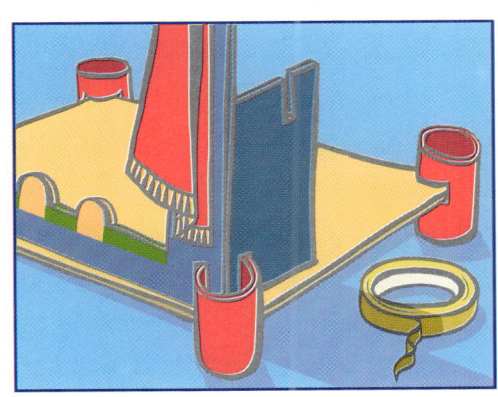

4. Stecke den Rahmen vorsichtig in die vorderen Rohre. Stecke die Stützen dahinter fest. Klebe sie mit Klebeband an, damit sie gut stehen und den Rahmen halten.

5. Schneide für die Kulissen Bäume aus dem Karton für den Hintergrund. Male Blumen darauf. Schneide unten 2,5 cm von den Seitenkanten entfernt 12 cm lange Schlitze.

6. Stecke die Kulisse mit den Schlitzen auf die seitlichen Stütze. Schneide Bäume und Blumen mit jeweils einer Lasche zum Stehen aus und klebe sie auf den Bühnenboden.

MENSCHEN ALS PUPPEN

Mit diesen verrückten Kostümen wirst du selbst zu einer Puppe. Wenn ihr zu mehreren bastelt, könnt ihr eine ganze Puppen-Show auf die Beine stellen.

Was du brauchst

Eine alte Pappkiste für den Körper
Biegsamen Karton für Arme, Beine und Kopf
1 m Gummiband, zwei je 35 cm lange Bänder
Klebeband und vier Musterklammern
Filzstifte, Farben und Pinsel
Buntes Papier und Klebstoff
Karton für den Kopf

Ein eleganter Nadelstreifen-Typ

GEHEIMTIPS

Vergiß nicht: Als „Puppe" solltest du dich nur von vorne zeigen. Dreh dich nicht mit dem Rücken zum Publikum.

Wenn Arme und Beine des Kostüms zu lang sind, schneide sie ab. Sind sie zu kurz, klebe Manschetten an.

Menschenkostüm

1. Für das Körperteil miß den Abstand von deinem Halsansatz bis zum Beinansatz. Dann miß von einem Armansatz zum anderen. Schneide nach diesen Maßen eine Art Brustschild aus der Pappkiste.

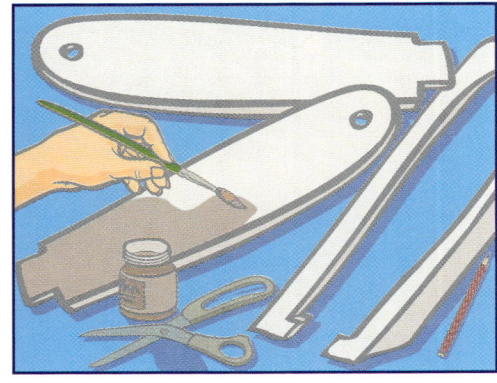

2. Miß von deiner Schulter zum Handgelenk, gib 10 cm zu. Schneide in der gewonnenen Länge zwei 10 cm breite Armstücke aus Karton aus. Mache oben Löcher. Bemale und dekoriere die Teile.

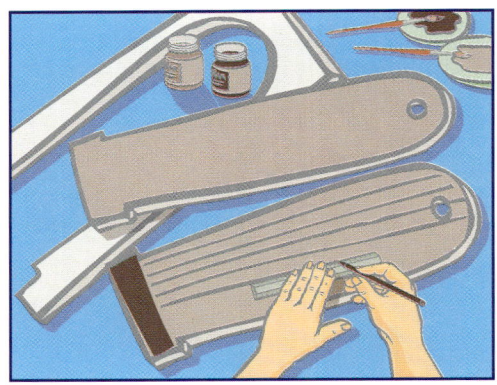

3. Miß von deinem oberen Beinansatz zum Fuß, gib 10 cm zu und schneide zwei entsprechende Beinteile aus. Mache oben Löcher. Bemale und dekoriere die Teile.

Ein witziger Clown

Der Clown wird mit Papierfransen, einem Ziehharmonika-Kragen oder sonstigen Verzierungen beklebt.

Das Clown-Kostüm hat ein zusätzliches Hosen-Oberteil. Die Beine sind darunter am Körperteil befestigt.

Kopf und Hals

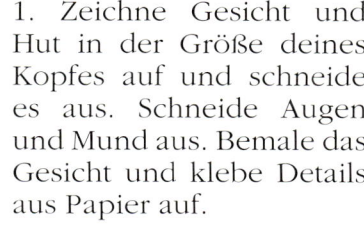

1. Zeichne Gesicht und Hut in der Größe deines Kopfes auf und schneide es aus. Schneide Augen und Mund aus. Bemale das Gesicht und klebe Details aus Papier auf.

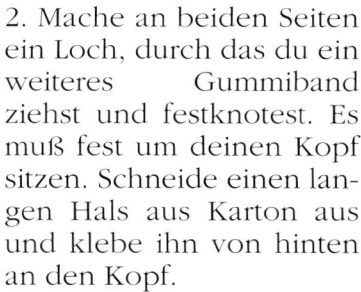

2. Mache an beiden Seiten ein Loch, durch das du ein weiteres Gummiband ziehst und festknotest. Es muß fest um deinen Kopf sitzen. Schneide einen langen Hals aus Karton aus und klebe ihn von hinten an den Kopf.

3. Um den Kopf am Körper zu befestigen, lege das Gummiband um deinen Kopf und stecke den Papphals hinter den Pappkörper. Laß jemanden markieren, wo der Hals angeklebt werden muß. Nimm das Ganze wieder ab und klebe den Kopf mit Hals an der richtigen Stelle auf.

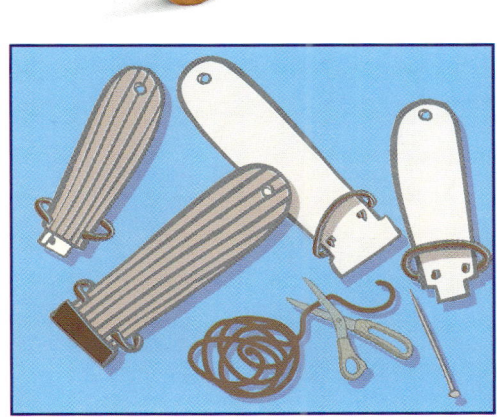

4. Schneide vier Gummistreifen zurecht, die um deine Arme und Fußknöchel passen. Mache an den unteren Ecken je ein Loch und knote das Gummiband von hinten darin fest.

5. Halte dir die Körperteile an. Laß jemand anderen auf dem Karton markieren, wo dein Hals sitzt. Bohre zu beiden Seiten Löcher und ziehe ein weiteres Gummiband durch. Knote es an.

6. Mache an den vier Ecken des Körpers Löcher. Befestige mit den Musterklammern Arme und Beine daran. Oben siehst du, wie du den Kopf für die Figur machst.

EIN SPRECHENDER ROBOTER

Setze Robbi auf deine Knie und laß ihn durch einen unsichtbar von hinten am Kopf befestigten Faden den Mund bewegen. Auch seinen Kopf kann er drehen. Robbi sieht ganz fetzig aus, obwohl er fast ausschließlich aus Haushaltsabfällen gemacht wird.

Was du brauchst

Eine Schuhschachtel
(Größe für Kinderschuhe)
für den Kopf
Eine Schuhschachtel
(Größe für Erwachsene)
für den Körper
Karton
Zwei Pappröhrchen
(aus Küchenrollen)
Ein dickeres Papprohr
(von Klopapierrolle)
Zwei Tischtennisbälle
Zwei Pfeifenputzer
Zwei Kronkorken
Bleistift, Schere und Klebstoff
Starkes Klebeband
Farben und Pinsel
Alte Deckel, Kisten, Knöpfe
und sonstige Gegenstände
zum Verzieren

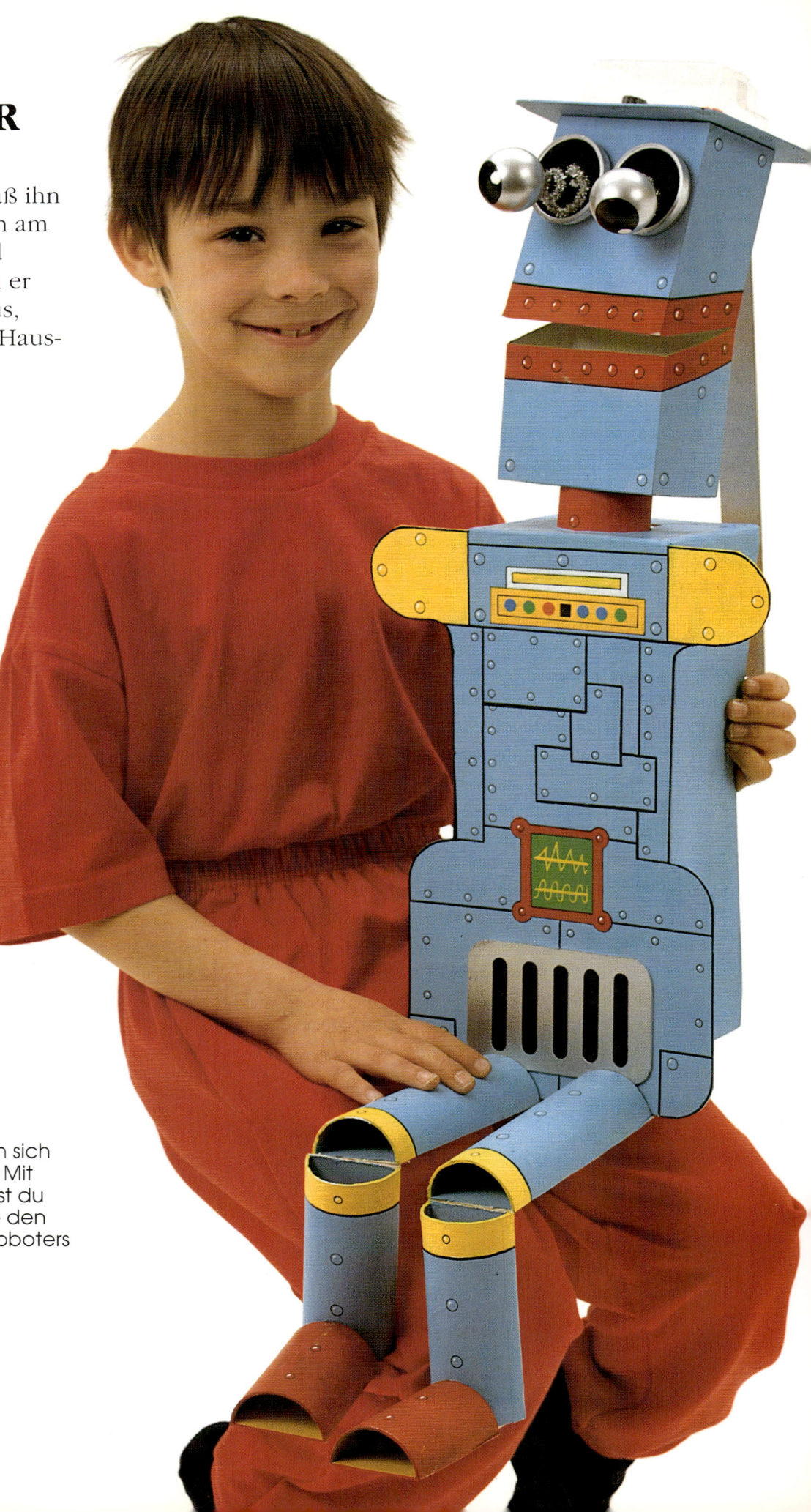

Zum Dekorieren eignen sich gut kleine Schachteln. Mit schwarzem Filzstift malst du Schrauben auf, wie sie den Körper eines echten Roboters zusammenhalten.

GEHEIMTIPS

Wenn du mit Robbi spielst, setze ihn auf deinen Schoß und ziehe hinten an dem Pappstreifen. Dabei öffnet und schließt er den Mund. Schau ihn konzentriert an. Dann merken die Zuschauer nicht, daß du in Wirklichkeit für ihn sprichst. Bevor du Zuschauer einlädst, übe ein bißchen, wie man mit möglichst wenig Lippenbewegungen spricht. Versuche die Laute ganz hinten in der Kehle zu bilden. Manche Wörter sind einfacher, manche schwieriger zu sprechen. Wörter mit M, P und B solltest du vermeiden. Bevor du spielst, solltest du dir auch ungefähr überlegen, über was du mit deinem Roboter reden willst.

Robbi Roboter

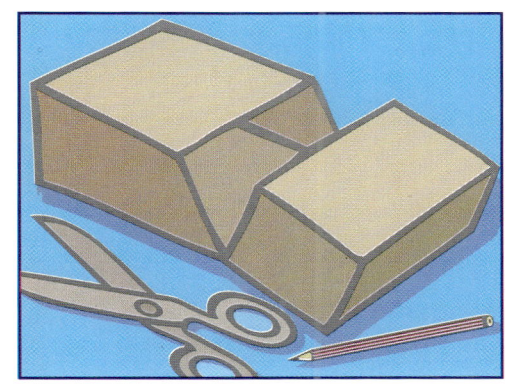

1. Schneide die Kiste für den Kopf etwa in der Mitte an drei Seiten auf. Schneide sorgfältig. Biege die Rückseite zu einer Art Scharnier auf und zu.

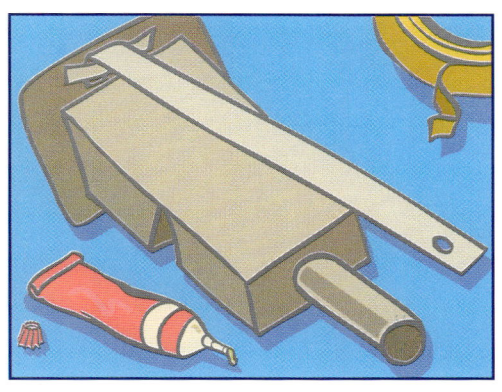

2. Klebe ein Stück Karton mit überstehenden Ecken auf den Kopf. Befestige mit Klebeband einen langen Kartonstreifen daran (hinten). Klebe das dickere Pappröhrchen als Hals unter den Kopf.

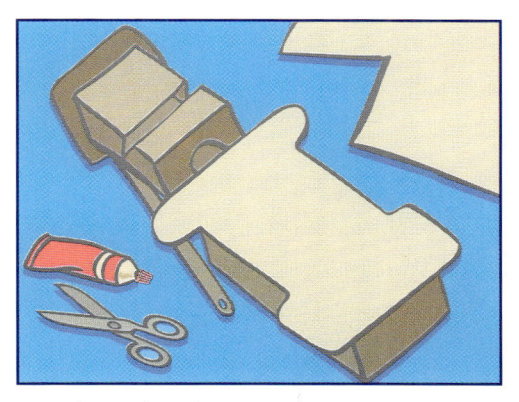

3. Schneide oben in die Körper-Schachtel ein Loch, gerade weit genug für den Hals. Schneide für die Vorderseite einen Roboter-Körper aus und klebe ihn auf die Schachtel.

4. Schneide die zwei Pappröhrchen längs auf, schneide sie in vier lange Stücke für die Beine und zwei kurze für die Füße. Hinterklebe sie jeweils mit einem rechteckigen Kartonstück.

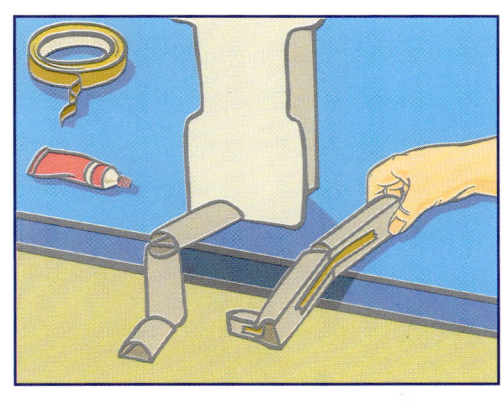

5. Klebe für die Beine je zwei Bein-Teile von hinten mit Klebeband als Gelenk zusammen. Klebe einen Fuß daran. Klebe beide Beine vorne an den Roboter.

6. Bemale den Roboter und klebe Zierteile für sein roboterhaftes Aussehen auf. Als Glubschaugen nimmst du Tischtennisbälle, die du an Pfeifenputzern an Flaschenverschlüssen befestigt hast.

QUASSELKÖPFE

Mache dir ein paar lustige Typen, die ununterbrochen quasseln können. Nimm ein Bild oder eine Zeichnung aus einer Zeitschrift oder ein Foto. Wenn die Vorlage zu klein ist, vergrößere sie auf einem Fotokopierer.

Was du brauchst

Ein Foto oder eine Zeichnung, etwa 25 cm hoch
Steifen Karton
Schere und Klebstoff
Einen Holzstab
Weißes Papier
Buntstifte

Der brüllende Papierlöwe wird nach demselben Prinzip gebastelt.

Ein kleiner Quasselkopf

Wie du den Kopf machst

1. Klebe das Bild auf steifen Karton. Schneide es aus, schneide die Augen aus. Klebe weißes Papier dahinter und male stechende neue Augen auf.

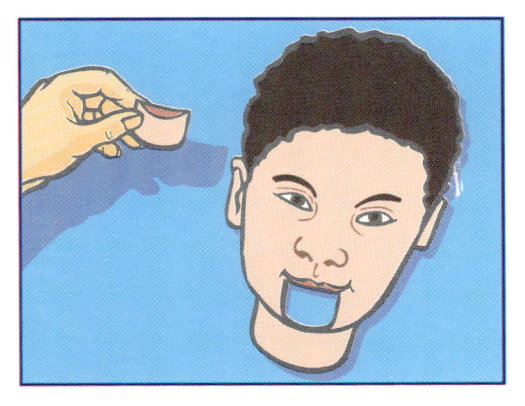

2. Schneide das Mundstück ab: zwischen den Lippen durch und von da zu beiden Seiten gerade abwärts. Das abgeschnittene Stück brauchst du später.

3. Schneide ein rechteckiges Kartonstück zurecht, das etwas größer als das Mundstück ist. Klebe von hinten eine Papiermanschette auf. Klebe das Stück von hinten gegen den Hals.

4. Schneide ein schmaleres, längliches Kartonstück zurecht, das du durch die Manschette schiebst. Schneide unten ein Loch ein, durch das du deinen Finger zum Schieben stecken kannst.

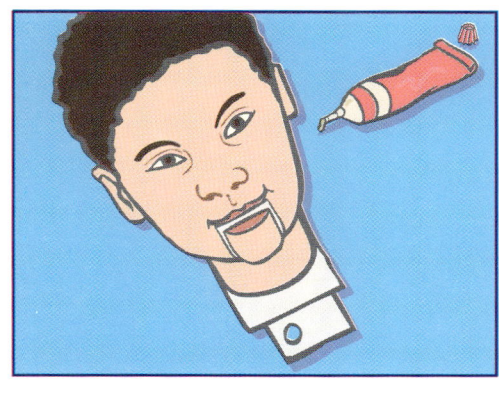

5. Schieb dieses Stück so weit hoch, bis das ganze Mund-Loch weiß ist. Dann nimm das bei Schritt 2 ausgeschnittene Mund-Teil und klebe es wie auf dem Bild auf (nur oben an der Lippen festkleben!).

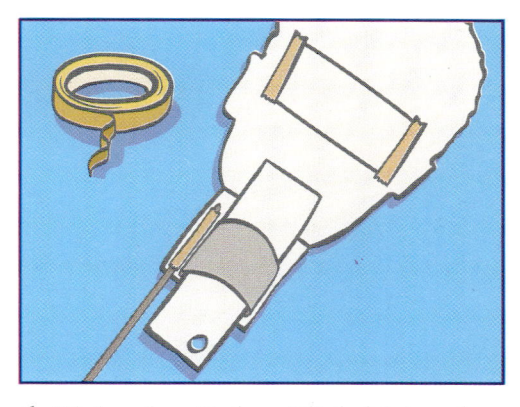

6. Klebe den Stab seitlich hinter den Hals der Figur, so daß du sie halten kannst. Wenn du den Kartonstreifen hoch und runter schiebst, öffnet und schließt sich der Mund. Zeichne noch Zähne auf.

GEHEIMTIPS

Denk dir ein Theaterstück für zwei Quasselköpfe aus und führe es mit einem Freund oder einer Freundin zusammen auf.

Bevor du teure Fotos zerschneidest, bastle erst Köpfe aus einfacher Pappe, die du bemalst und mit Papier beklebst.

Wenn du kein Foto hast, klebe dir ein Gesicht aus ausgeschnittenen Augen, Mündern, Nasen und so weiter aus Zeitschriften zusammen. Als Verstärkung eignet sich gut eine alte Cornflakes-Schachtel, die man von hinten gegen den Kopf klebt.

KÖPFE AUS PAPIERMACHÉ

Hier siehst du, wie man aus Papiermaché einfache Puppenköpfe bastelt. Es lassen sich die unterschiedlichsten Formen herstellen. Du siehst auch, wie man Kleider für die Puppen macht.

Was du brauchst

Zeitung, in kleine Fetzen gerissen
Tapetenkleister (ohne Fungizide)
Knetgummi, einen Teelöffel, ein paar kleine Steine
Eine 1-Liter-Plastikflasche
Farbe, Pinsel, Schere und Wolle

So sieht der rohe Kopf vor dem Bemalen aus.

GEHEIMTIPS

Beim Arbeiten streichst du immer wieder das feuchte Papier glatt, damit eine feste Schicht ohne Luftblasen entsteht.

Statt die Knete aus dem Kopf zu kratzen, kann auch ein Erwachsener den Kopf in zwei Teile schneiden und die Knete herausnehmen. Dann klebst du beide Hälften mit einer weiteren Papierschicht zusammen.

Kopf aus Papiermaché

1. Schneide den Flaschenhals so weit ab, daß zwei Finger hindurchpassen. Fülle ein paar Steine in die Flasche, damit sie während der Arbeit fest steht.

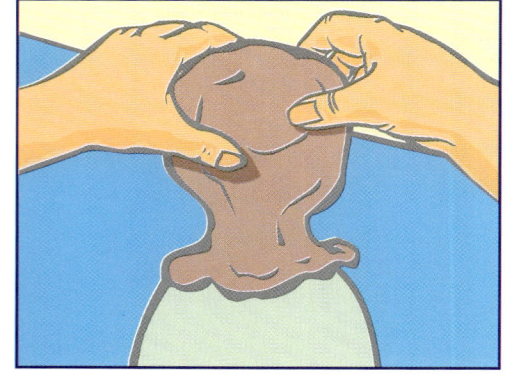

2. Drücke die Knete zu einem Tennisball-großen Klumpen und stecke ihn auf die Flasche. Drücke einen Hals und Schultern auf die Flasche.

3. Modelliere ein Gesicht mit langer Nase, langem Kinn und Augenhöhlen. Es muß ziemlich grob aussehen, sonst sieht man die Einzelteile später nicht richtig.

Bemale den Kopf in kräftigen Farben. Male Augen, Lippen, Mund und rosige Bäckchen auf. Zum Schluß klebst du Haare aus Wolle an.

4. Tauche den Pinsel in den Kleister, nimm einen Papierfetzen damit auf und klebe ihn an den Kopf. Überstreiche ihn mit weiterem Kleister. Bedecke den ganzen Kopf auf diese Art.

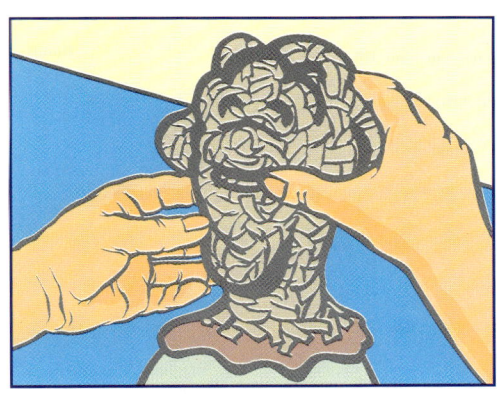

5. Laß das Papier trocknen. Bringe sechs weitere Papierschichten um den ganzen Kopf auf. Nach zwei Schichten läßt du das Ganze jeweils trocknen. Nimm den Kopf vorsichtig von der Flasche.

6. Kratze mit einem Teelöffel vorsichtig die Knete aus dem Kopf. Es macht nichts, wenn noch kleine Reste im Inneren bleiben. Der Kopf darf nur nicht zu schwer sein.

FLOTTE BAND

Wenn du nach der Anleitung auf Seite 39 einen Puppenkopf gemacht hast, brauchst du nur noch Kleider. Sie passen wie ein Handschuh über deine Hand. Mit den Fingern kannst du von innen den Kopf bewegen.
Für die flotte Band brauchst du drei unterschiedlich geformte Köpfe sowie drei verschiedene Instrumente.

Was du brauchst

Weichen Stoff, der nicht ausfranst
Pappröhrchen (aus Klopapierrolle)
Einen Eßteller
Bleistift und Schere
Klebstoff und Klebeband
Filz
Karton
Stoffarben oder kleine bunte Stoffetzen zum Verzieren der Puppen

Kleider für den Trommler

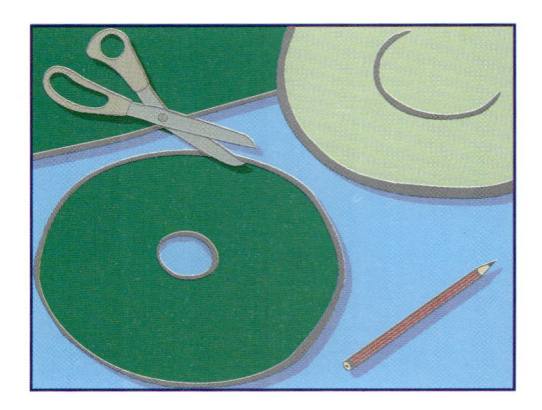

1. Schneide eine Stoffplatte aus (etwas größer als ein Eßteller). Schneide ein Loch in die Mitte, durch das gerade der Hals der Puppe paßt. Der Stoff muß eng anliegen.

2. Schneide das Pappröhrchen seitlich auf. Bitte jemanden, es so zusammenzukleben, daß dein Mittel- und Ringfinger hineinpassen. Klebe die Rolle in den Hals.

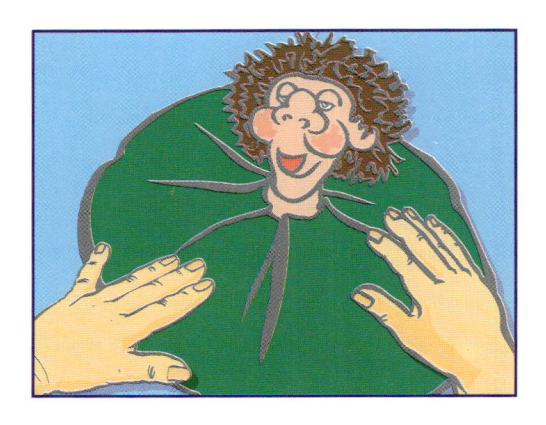

3. Klebe den Stoff um den Puppenhals. Wenn das Loch etwas zu groß ist, bindest du den Stoff zusätzlich mit Schnur am Hals fest.

4. Schneide an den Seiten zwei Schlitze in den Stoff. Damit der Stoff nicht ausfranst, verstärkst du die Schnitte mit Filz (ankleben).

5. Mache Hut und Halstuch aus Stoffresten. Klebe eine Papptrommel an. Bringe die Verzierungen oben an der Puppe an, damit die Zuschauer sie auch sehen.

6. Zum Spielen steckst du zwei Finger in das Pappröhrchen, Daumen und Ringfinger steckst du als Arme durch die seitlichen Schlitze. So kann die Puppe Kopf und Arme bewegen.

Mache für die Puppen verschiedene Musikinstrumente aus Pappe. Dann hast du eine ganze Band.

GEHEIMTIPS

Du kannst beim Spielen zusätzlich Handschuhe unter der Puppe tragen. Dann sieht man deine nackten Finger nicht.

Mache Gegenstände wie Blumen oder Bücher für deine Puppen-Show aus Pappe.

MARIONETTENTHEATER

Wenn du ein Theaterstück mit Marionetten aufführen willst, brauchst du eine Bühne, die die Fäden und dich selber versteckt. Du kannst sie aus einer alten Pappkiste und ein paar Kartonstücken machen.

Was du brauchst

Eine mittelgroße flache Pappkiste
Zwei etwa je 55 x 70 cm große Bogen Karton
Starkes Klebeband, Klebstoff, Schere und Bleistift
Farbe und Pinsel
Steifes Papier für den Hintergrund,
etwa 70 x 70 cm groß

GEHEIMTIPS

Kleide dich selber passend zu den Puppen bunt und schminke dich auch im Gesicht. Setz dir einen ausgefallenen Hut auf.

Die gerade nicht benutzten Puppen hängst du über eine Stuhllehne hinter der Bühne. So ist alles übersichtlich.

Wie du das Theater baust

1. Stelle die Kiste auf. Schneide einen Rahmen aus Karton, der länger als die Längsseite der Kiste ist. Mache ihn auch hoch genug, damit man die Puppen ganz sieht.

2. Klebe den Rahmen vorne an die Kiste. Auch auf die Rückseite klebst du ein Stück Karton, etwa so groß wie der vordere Rahmen. Hier werden die Kulissen aufgehängt.

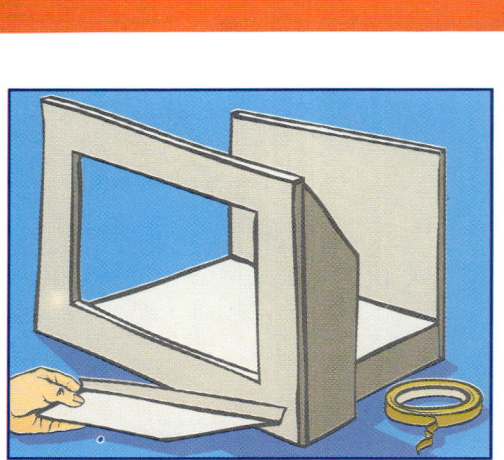

3. Für Standfestigkeit schneidest du zwei oben abgeschrägte Stützen aus Karton. Knicke sie längs ein und klebe sie mit der schmalen Leiste seitlich an den Rahmen.

Kulisse für ein Märchenstück am Tag und zu schauriger Nachtzeit

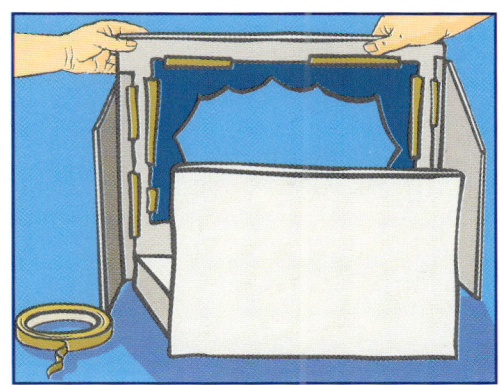

4. Wenn du den Rahmen aus einfarbigem Karton gemacht hast, bemale ihn bunt und phantasievoll. Klebe Vorhänge aus Papier oder Stoff an die Seiten.

5. Male auf steifes Papier, das etwas schmaler, aber höher ist als die Rückwand, eine Kulisse. Falte die Oberkante der Kulisse um und hänge sie über die Rückwand.

6. Stelle dein Theater auf einen kleinen Tisch, der mit einer großen Decke bedeckt ist. So sieht man deine Füße nicht, wenn du dahinter stehst und mit den Puppen hantierst.

BÜHNE FÜR STABPUPPEN

Wenn du mit Stab- oder Kasperlepuppen spielst, hältst du sie über deinen Kopf. Du selber bist unter der Bühne versteckt. Ducke dich hinter einem auf die Seite gekippten Tisch oder spiele hinter einem Vorhang, der zwischen zwei Stühle gehängt wird. Oder mach ein richtiges Kasperletheater aus einer großen Kiste.

Was du brauchst

Eine sehr große Pappkiste, in die du dich ganz stellen kannst (siehe auch Geheimtips)
Farbe zum Streichen
Pinsel und Farbtablett
Schleifen
Vier Musterklammern
Schere und Lineal

GEHEIMTIPS

Wenn du keine Kiste findest, die groß genug ist, suche dir zwei oder drei kleinere. Schneide die Rücken, Wände und Deckel von den Kisten. Dann halte sie zusammen und klebe sie von innen mit festem Klebeband gut aneinander.

Beim Spielen sammelst du alle Puppen in einer zusätzlichen Kiste neben dir hinter der Bühne. So sind sie immer griffbereit.

Diese Bühne sieht wie ein Baumhaus aus. Du kannst sie aber auch wie eine Rakete oder eine Burg gestalten.

Hier mußt du drei Puppen gleichzeitig halten.

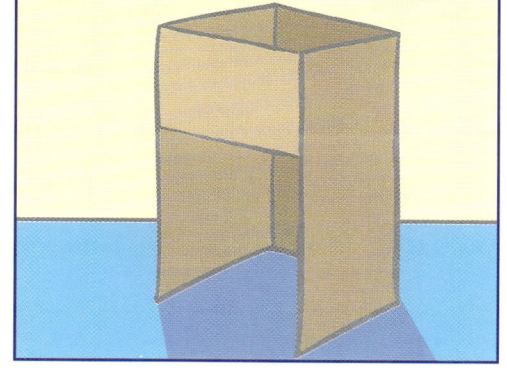

Streiche die gesamte Fläche hell an, bevor du sie dekorierst.

Bemale dein Theater mit großen, klar erkennbaren Ornamenten.

1. Schneide den Boden und die Decke aus der Kiste. Schneide auch einen Teil der Rückwand weg, so daß du hineinklettern kannst.

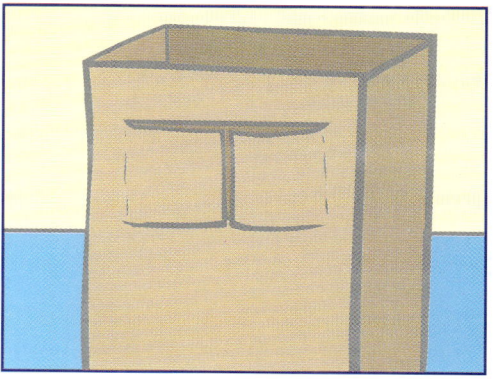

2. Markiere oben auf der Vorderseite ein Rechteck, so groß wie die Bühne. Schneide es wie auf der Zeichnung ein und klappe die Türen auf.

3. Du kannst die Türen so lassen, wie sie sind, oder sie mit zusätzlichen ausgeschnittenen Kartonplatten bekleben. Sie sind etwas größer als die ursprünglichen Türen.

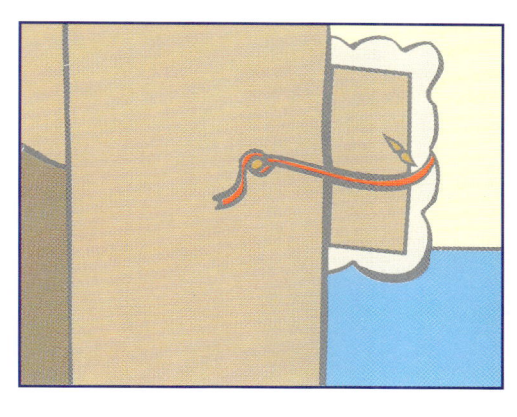

4. Drücke eine Musterklammer in jede Tür und die Seiten und öffne die Türen. Binde etwas Kordel zwischen jedes Klammerpaar, so daß die Türen aufgehalten werden.

5. Streiche die Konstruktion mit Plakat- oder Wandfarbe. Laß die Farbe gut trocknen.

6. Verziere das Theater mit zusätzlichen Ornamenten. Vergiß nicht, daß die Zuschauer auch in die Seiten hineinsehen können. Bemale sie also auch von innen.

WIE DU EIN THEATER-STÜCK INSZENIERST

Der Schlüssel für gelungenes Theaterstück oder Puppenspiel ist die richtige Planung. Übe das Stück zuerst ein paarmal. Auch Musik und Sound-Effekte kannst du einbauen, wenn dir jemand hilft. Ein Freund oder eine Freundin sollte schon bei den Proben dabei sein und dir sagen, was die Zuschauer sehen.

Was du brauchst

Puppen und einen Text für dein Stück
Einen Kassettenrekorder
Musik und Gegenstände für Geräusche

Spezialeffekte

Pferdehufe: Klappere mit zwei Kokosnußhälften gegeneinander
Regen: Laß Reiskörner in eine Metallschüssel rieseln
Sturm: Schüttle Reiskörner in einer großen Metallschüssel
Magischer Knall: Laß einen Luftballon oder Knallbonbons hinter der Bühne platzen
Schnee: Laß Puder oder kleingeriebene Styroporkugeln auf die Bühne rieseln
Marschierende Armee oder rasselnder Geist: Mach eine Rassel aus einer Blechdose mit Kieselsteinen darin

---

GEHEIMTIPS

Gute Themen für eine Puppenspiel sind Märchen, Lieblingsgeschichten, bekannte Lieder, Reime und Sprichwörter.

Mach dein Spiel nicht zu lang, damit die Zuschauer sich nicht langweilen. Laß die Puppen die Zuschauer zwischendurch etwas fragen, damit es interessanter wird. Baue auch ein paar Witze und komische Situationen ein. Vergiß nicht, die Zuschauer brauchen Stühle oder genügend Sitzplatz auf dem Boden vor der Bühne.

Wenn du die Rückwand der Bühne an einer Seite aufschneidest und eine Papplasche anklebst, kannst du das ganze Theater nach dem Spielen zusammenklappen und wegräumen.

Bleibe beim Spielen unterhalb der Bühne, damit man dich nicht sieht.

1. Wenn du gut geübt hast, mache Werbeplakate und verschicke Einladungen für die Premiere. Vergiß nicht, das Datum und den Ort anzugeben.

2. Schreibe ein Manuskript für dein Spiel. Markiere dick, wann welche Puppen auf der Bühne sind. Markiere auch, wann Geräusche und Musik einsetzen sollen.

3. Steck den Text während des Spielens an die Seite der Bühne, so daß du ihn immer lesen kannst. Wenn du einen Helfer hast, gib ihm auch eine Kopie.

4. Vor dem Auftritt prüfe alle Puppen und Requisiten. Alles muß leicht erreichbar sein. Auch beim Spielen achte auf die Ordnung, damit du alles gut findest.

5. Du kannst dir neben den Geräuschen auf der anderen Seite noch viele weitere Effekte mit Musik und Lauten ausdenken.

6. Vielleicht macht jemand während der Aufführung Fotos. Sie sind eine schöne Erinnerung, und du kannst sie für spätere Plakate brauchen.

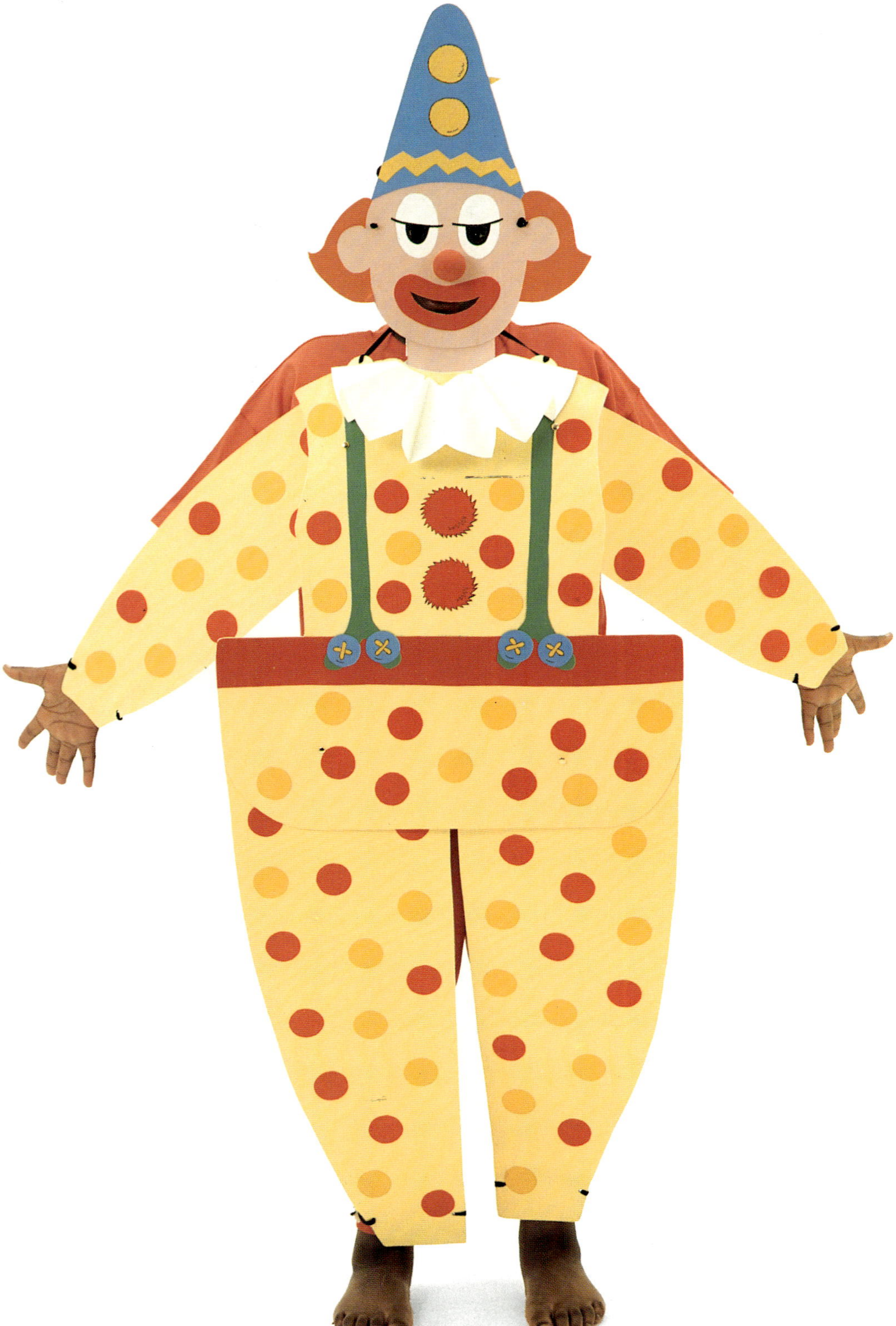